LA GRÈCE INDÉPENDANTE

Sa vie et ses diverses relations

ÉTUDE DES PROXÉNIES

PAR

J. D'ANDRÉ DE SERVOLLES

Docteur en droit
ès sciences politiques et économiques

> Tes chefs-d'œuvre ont formé nos cœurs, nos yeux, nos fronts,
> des échos de ta voix nos écoles sont pleines,
> nos arts sont tous, ô race illustre des Hellènes
> de ton pur idéal héritiers ou larrons.
>
> SULLY-PRUDHOMME.

TOULOUSE

IMPRIMERIE A. MONTLAUZEUR

41, rue Riquet, 41

—

1911

À Monsieur Léon Gazagne,
respectueux hommage de mon
vif attachement.

J. Massenet

LA GRÈCE INDÉPENDANTE

Sa vie et ses diverses relations

ÉTUDE DES PROXÉNIES

LA GRÈCE INDÉPENDANTE

Sa vie et ses diverses relations

—•••—

ÉTUDE DES PROXÉNIES

PAR

J. D'ANDRÉ DE SERVOLLES

Docteur en droit
ès sciences politiques et économiques

Tes chefs-d'œuvre ont formé nos cœurs, nos yeux, nos fronts,
des échos de ta voix nos écoles sont pleines,
nos arts sont tous, ô race illustre des Hellènes
de ton pur idéal héritiers ou larrons.

Sully-Prudhomme.

TOULOUSE

IMPRIMERIE A. MONTLAUZEUR

41, rue Riquet, 41

—

1911

A LA MÉMOIRE DE MON PÈRE

A MA MÈRE

INTRODUCTION

Notions générales et historiques

L'Orient attire toujours l'attention générale, les peuples qui l'habitent n'ont cessé d'exciter l'intérêt à plus d'un point de vue. Il y en a un, la Grèce, qui, par le nom qu'il porte, par les grands souvenirs qu'ont laissés de lui les philosophes et les poètes, s'est acquis une renommée unique et universelle. Nous n'avons pas en vue d'écrire l'apologie de cette nation à jamais célébre, notre but plus modeste a été de faire revivre l'une des plus vieilles institutions de la Grèce, l'institution des Proxénies, et de mettre en relief le rôle considérable qu'elle a joué dans la société grecque.

La vie moderne est tellement complexe, les nations sont aujourd'hui si bien solidaires, que nul peuple ne songe à s'isoler à vivre en lui-même, à se passer du concours d'autrui. Telle n'était point au Ve siècle avant notre ère, la situation de la Grèce. Les cités de l'Hellade, jalouses et exclusives comme leurs dieux, vivaient isolées et indépendantes. L'étranger était suspecté, traité en ennemi. Il n'avait aucun droit, sans défense il était à la merci de toutes les audaces et de toutes les cupidités. S'adonner à la piraterie, tuer et dépouiller les naufragés, piller et détruire les villes vaincues, massacrer les prisonniers, était considéré comme actes honorables et licites.

Mais, au sein de cette profonde barbarie, sur ce sol incessamment ensanglanté, naissait, sous la poussée des nécessités, l'hospitalité privée. Ce fut la morale sociale de ces temps troublés. Les poètes et les dieux apprirent aux hommes à respecter l'étran-

ger, en vertu du grand principe de solidarité humaine. Animés de meilleurs sentiments les peuples se pénètrent davantage
les uns les autres. Les individus, afin d'être
protégés, vont choisir dans la cité étrangère
un citoyen puissant qui les défendra et
prendra soin de leurs divers intérêts. Ce
protecteur privé, on l'a désigné sous le
nom de *Proxène*.

Bientôt, la pénétration des cités se faisant de jour en jour plus grande, les
Etats grecs, tout comme jadis les simples
particuliers, vont confier à un citoyen illustre
de la ville étrangère, la mission de
veiller à leurs intérêts et de protéger leurs
nationaux.

Dès lors, naissait l'institution publique
des Proxénies. Protecteurs attitrés des étrangers, les représentant devant les tribunaux
et les assemblées de la cité étrangère, les
proxènes sont des citoyens puissants.
Intermédiaires entre deux états, ils jouèrent un rôle important dans l'histoire de la

diplomatie grecque. Nous les verrons tour
à tour, ambassadeurs, arbitres, négociateurs
de traités, s'interposer dans les relations
internationales de l'ancienne Grèce.

Les écrivains dont les œuvres sont par-
venues jusques à nous, parlent souvent des
proxènes, mais ils ne nous donnent aucun
renseignement suivi et coordonné. L'Institut et les écoles françaises d'Athènes ; des
revues, des monographies publiées en Alle-
magne, en Angleterre, en France et en
Grèce, ont remis en honneur l'étude des
proxénies grecques. Nous avons essayé à
notre tour de rapprocher les textes épigraphiques des passages des historiens et des
orateurs. Réunissant ces divers documents
pour en former un tout coordonné, nous
entreprenons à notre tour une nouvelle
étude des proxénies.

Deux parties la composent. Dans la première, nous nous proposons de grouper
sous la dénomination de « Caractères géné-
néraux de la Proxénie » les points suivants :

l'hospitalité privée considérée comme l'origine de la proxénie publique, les conditions de la proxénie, la nomination de proxènes, les décrets et stèles de proxénie. Deux points principaux feront l'objet de la deuxième partie : elle envisagera d'abord les diverses fonctions du proxène, au point de vue civil et religieux, politique et commercial, viendra ensuite l'examen détaillé des honneurs et des privilèges qu'en échange de leurs services la cité reconnaissante accordait à ses proxènes.

PREMIÈRE PARTIE

Caractères généraux de la Proxénie

CHAPITRE PREMIER
Des origines de l'Institution

L'HOSPITALITÉ PRIVÉE. — INFLUENCES QUI LUI ONT
DONNÉ NAISSANCE

Aux temps reculés de la Grèce, nous dit Tacite dans sa *Germanie* (1), règne un ensemble particulier de civilisation. Au début de leur histoire, les fils d'Hellen dispersés sur le sol de leur pays ne connaissent ni commerce, ni villes, ni gouvernement. Nul sentiment de nationalité n'existe chez ces peuplades. Comme leurs ancêtres, ils sont « Doriens, Eoliens ou Achéens. » Aucun devoir de sociabilité ne les anime. Là, où un père de

____

(1) TACITE, *La Germanie*, chap. 16.

famille a trouvé une source, une forêt, un champ à sa convenance, il a élevé la cabane qui doit abriter sa femme et ses enfants. Ce champ que ses sueurs ont rendu fécond, cette source où il s'abreuve, cette forêt où ses pas à la longue ont tracé les premiers sentiers, sont devenus sa propriété.

Dans cette vallée, dans ces bois jusqu'aux limites de l'horizon, le grec des temps héroïques se sent chez lui. Ce qui est au-delà, il l'ignore. Chaque famille se suffit à elle-même, autour d'elle est groupé tout ce qui lui est nécessaire. Peu à peu des agglomérations éparses s'étendent sur tout le sol de la Grèce. Habitant une même portion de territoire, ayant une identité de mœurs et de langage, ces groupes isolés attirés par les avantages de sociabilité, s'unissent à la longue et forment de petites communautés fermées. Comme la famille primitive, chaque groupe mène une existence isolée, ne quittant jamais le sol natal. Seule, disent les historiens, une identité de mœurs et de culte les unit entre elles et leur, fait donner un nom (κοινόν). Néanmoins, cette communauté est trompeuse, ces peuplades se trouvent les unes vis à vis des autres dans un rapport fondamental d'hostilité.

La Grèce ne présente que deux catégories d'hommes : les ennemis Xenoi et les Oikeioi, gens de la maison ou de la cité.

Dès qu'un individu a franchi les limites de sa cité, il n'est plus pour les membres des autres communautés qu'un étranger sans droit, un ennemi que rien ne protège contre eux, sauf la bienveillance du père commun des hommes : Ζεὺς ξένιος.

Voici qu'un étranger, après une longue marche à travers les montagnes, aborde l'enclos d'une famille. Le père s'avance à sa rencontre. « Salut, dit l'étranger d'un ton soumis. » — « Je ne salue pas un homme que je n'ai jamais vu. » — « Tu es bien farouche. » — « Je suis comme tu vois. Est-ce moi qui marche sur ta terre ?

L'étranger reçoit partout le même accueil, le maître veille toujours autour de sa terre comme le lion autour de son antre. Il est dans son droit. Il défend sa propriété et sa famille contre ceux qu'il n'a jamais vus. L'inhospitalité était le vice commun de l'époque.

Cette méfiance vis à vis de l'étranger s'explique aisément. A ces époques troublées où la force primait le droit, des pirates audacieux parcouraient les mers, dévastaient les rivages et devenaient la terreur des populations. Les côtes de la Grèce, entrecoupées de promontoires et de golfes, jalonnées d'une multitude d'ilots étaient des asiles préparés tout exprès pour le pirate ou le meurtrier poursuivi. Sur terre, il y avait des dangers à chaque pas, des voleurs et des méchants occupaient impunément les routes.

Plutarque (1) nous a conservé les légendes de Sinis, de Procrustes, de Scyron, etc. C'étaient, nous dit l'auteur, des hommes infatiguables, sans rivaux pour la vitesse, pour l'adresse des mains, pour la force du corps. Ils n'usaient de ces avantages ni pour l'utile, ni pour le bien, se complaisant dans leur insolence, n'employant leur valeur que pour les injures et les cruautés, tyrannisant, violentant, massacrant tous ceux qui tombaient entre leurs mains. Quant à la justice, à l'humanité, c'étaient à leur avis, des vertus de faibles ou de poltrons, inutiles aux braves qui pouvaient s'enrichir autrement.

Peu à peu, ces terribles récits s'effacent de la mémoire de ces hommes des temps héroïques. Des divinités bienfaisantes : Hercule, Minos, Thésée protègent les états naissants de la Grèce, et les peuples rassurés osent commencer des relations amicales. Ayant reçu l'hospitalité, l'étranger, jadis suspecté, n'est plus maltraité, il devient un ami de la maison.

Eschyle (2) dans les *Suppliantes* dit aux barbares :

---

(1) PLUTARQUE, *Thésée.* — Pausanias II. — 1-4.
(2) ESCHYLE, *Les Suppliantes*, 917.

« Vous autres, vous tuez volontiers vos hôtes, c'est une infamie chez nous. Barbare ! tu ne sais ce que c'est que l'hospitalité. »

Dans les *Euménides*, Eschyle nous dit encore : « Faible mortel, songe à l'aréopage et aux autels fumants des *Euménides*. Là viendront un jour les *Lacédémoniens* domptés par ta lance. Ne les tue point avec l'épée, respecte des suppliants, les suppliants sont saints et purifiés.

Homère (1), dans l'Odyssée, écrit : « Les hôtes et les mendiants sont de Jupiter. Celui qui par des paroles amères outrage un hôte, Zeus s'irrite contre lui, et à la fin le punit cruellement.

Zeus est le Dieu des hôtes et des suppliants, sa bénédiction est sur la maison, sur la ville hospitalière. Outrager l'hôte, l'expulser, c'est outrager Zeus lui-même. Sous la forme de l'étranger, c'est Zeus que l'on reçoit réellement : il accompagne partout l'étranger. Pour corroborer partout cette croyance salutaire, les *Aèdes* dans leurs chants représentaient Zeus assis à la table d'un mortel soit qu'il veuille éprouver sa vertu, soit qu'il veuille la récompenser.

C'est ainsi que l'intervention de la religion et l'amélioration progressive de la moralité, furent des

______

(1) HOMÈRE, *Odyssée*, L. VI. v. 174.

influences heureuses qui donnèrent naissance à l'hospitalité privée et qui la propagèrent.

La filiation grammaticale des mots ξενος, προξενος nous indique elle-même l'origine lointaine de l'institution des Proxénies. Née de la ξενια, l'hospitalité privée fut le culte de l'étranger. Elle fut recommandée par les sages, chantée par les poètes et ordonnée par les divinités. Le mot ξενος comme son équivalent hospes (hôte), désigne très brièvement celui qui donne l'hospitalité et qui la reçoit. Cette confusion d'expression traduit bien le génie hospitalier des premiers âges, elle semble même consacrer les devoirs solennels et réciproques qui symbolisaient le pain et le sel partagés sous le même toit. Dès son arrivée, l'hôte se voit adresser des des souhaits de bienvenue par le maître de la maison : « Salut, étranger, sois le bienvenu parmi nous. » Après ces préliminaires qu'accompagnait un bain, un repas réconfortant était servi à l'hôte. Il y a dans la table quelque chose de saint, de mystérieux, le repas est un acte divin dont il ne fallait parler qu'avec respect. S'asseoir à la même table, partager le pain d'autrui, boire dans la même coupe, c'est communier (1).

C'est en vertu de la communion que l'hôte est digne de respect : « Epargne ma vie. Tu dois me respecter.

______

(1) *Iliade*, ch. xii, v. 36.

J'ai goûté chez toi les dons de Cérés. Me voici sous ton toit, respecte la maison ou j'ai été reçu. »

L'étranger ayant apaisé sa faim et sa soif était questionné sur sa vie, sur le but de son voyage. Homère, dans son odyssée (1), relate des dialogues intervenus entre hôtes et étrangers : « qui es-tu d'entre les hommes ? où est ta ville et où sont tes parents ? sur quel vaisseau es-tu venu ? que cherches-tu ici ? qui sont les matelots qui t'ont conduit ? dis moi la vérité ? »

Cet accueil cordial n'était pas tout. Le chef de la famille, le χενοδοιχε, tenait à ce que son hôte se rappelât avec plaisir la maison où il avait été reçu. Sa libéralité l'accompagnait au-delà du seuil. L'étranger après avoir été admis à la table commune recevait des habits, des vases ciselés, des armes. En échange de ces dons, pour témoigner de la gratitude à celui qui l'avait reçu, l'étranger lui offrait à son tour des coupes de prix et d'autres objets de valeur. Un étranger riche et puissant pouvait être pour son hôte une source de revenus. Témoins ces vers de Solon cités dans Platon (2) : « Bienheureux le mortel qui sous son toit possède de beaux et bons enfants, des cour-

____

(1) *Odyssée*, chap. I. v. 111.

(2) Platon, *Lysis de Solon.*

siers généreux, une meute intrépide et des hôtes nombreux . ».

Les deux parties trouvaient toutes deux de sérieux avantages dans l'hospitalité privée. L'hôte recevait parfois des présents, et lui, l'étranger, sortait de la maison hospitalière en véritable ami à qui le foyer était ouvert. Le voyageur était aussi accueilli tous les soirs, et chaque étape de sa route était une hospitalité. De retour dans sa cité, l'étranger conservait pieusement tous ces dons d'hospitalité. C'était un musée de l'amitié, chaque objet rappelait un danger évité, une affection à jamais effacée.

C'est ainsi que, dans l'histoire des Grecs (1), Duruy a écrit : « La ξενία, cette divine hospitalité, fut la morale sociale des temps héroïques. Avant elle, la Grèce était divisée par les antipathies de race, par les dialectes, par la configuration du sol. Avec l'hospitalité naissait une ère nouvelle de civilisation. »

Ces traditions généreuses tombent bientôt en désuétude. La φιλοξενία, ou respect de l'étranger va en s'affaiblissant de jour en jour. On assiste à l'essor des cités grecques. Leur amour pour la mer et les longs voyages, l'extension des relations commerciales qui vont en se multipliant avec le temps, amenèrent dans certaines villes un flot d'étrangers.

___

(1) Duruy, t. I, chap. IX, p. 330 et suiv.

Dès lors il est intéressant de savoir : Comment ce ξενος, cet étranger pourra entrer en relation avec les membres de la cité et traiter avec eux ?

Question délicate à résoudre. La généreuse hospitalité d'antan n'est plus qu'un souvenir. Les cités sont fermées les unes aux autres. La situation de l'étranger est donc moins bonne qu'aux âges primitifs. Mais, le génie de la race grecque sut concilier l'exclusivisme de la cité avec le caractère entreprenant et mercantile de ses habitants.

C'est ainsi, qu'afin d'être protégé, le commerçant ou le voyageur qui aborde dans la cité voisine, va élire parmi les membres influents de cette ville un protecteur qui veillera sur sa personne et prendra soin de ses intérêts. La cité grecque est exclusive, en dehors des siens elle ne connaît personne. Tout étranger qui débarque chez elle est considéré comme un ennemi. Cette méfiance va cesser dès que cet étranger sera placé sous la protection d'un citoyen marquant qui, aux yeux de tous, le défendra et le protègera. Ce protecteur a reçu le nom de προξένος, c'est-à-dire, défenseur de ¹étranger. Le besoin impérieux de sécurité conseillait aux étrangers d'avoir un proxène : bien plus dans certaines villes, à Athènes, par exemple, des lois très sévères menaçaient des pénalités les plus graves tout étranger résidant qui n'aurait pas choisi un proxène. Les nécessités d'une vie nouvelle, et la pénétration des peuples, furent autant de facteurs qui, rendant insuffisante l'ancienne et bonne hospitalité, donnèrent naissance à l'institution des Proxénies. Ainsi formée, la proxénie eut au début un caractère privé.

Le proxène est le membre d'une cité qui doit aide et protection auprès des citoyens et des autorités de son pays au membre d'une cité étrangère. C'est un patron, un défenseur qu'ont choisi librement les étrangers venus, non pour s'établir à demeure dans la cité, mais qui s'y trouvent passagèrement pour poursuivre la réalisation d'un droit, ou la conclusion d'une affaire (1).

L'étranger était en sécurité dans cette cité dont il ignorait les coutumes ; il avait un défenseur. Ce protecteur était riche, influent, bien vu de ses concitoyens, possédant de somptueuses demeures destinées à ses protégés. Cet homme puissant représentait le ξένος, l'étranger devant les tribunaux de la cité, s'occupait de toutes ses affaires et veillait sur lui au vu et au su de tous les citoyens.

Quant à la cité, elle tirait un juste titre de gloire du fait qu'un de ces membres représentât un étranger devant ses tribunaux. Grâce à cette intelligente protection de l'étranger, les transactions, le commerce vont sans cesse en grandissant. La pénétration des peuples

---

(1) MONCEAUX : *La Proxénie*, ch. II, p. 48 et suiv.

va en augmentant, les rapports commerciaux se généralisent. Les divers états de la Grèce prennent le caractère qui les distinguera des autres nations. Le Grec devient hardi navigateur et habile commerçant.

Dès lors, au fur et à mesure que les peuples de la Grèce sortent de leur isolement, nous assistons à l'évolution, à la transformation de la proxénie privée.

A l'origine, dans la proxénie privée, intervenait un contrat tacite, unilatéral entre un citoyen et un étranger. Il n'y avait point de sanction. La bonne foi des deux parties était l'unique sauvegarde du contrat.

Évoluant à son tour, la proxénie privée va devenir une institution publique comme celle de nos consuls ou de nos ambassadeurs. C'est une cité qui choisit parmi les ressortissants d'un autre état un proxène. Tout comme les simples citoyens, la cité se met sous la protection d'un homme puissant qui veillera à ses intérêts, et, le cas échéant, protégera ses nationaux abordant dans la ville étrangère. La cité reconnaissait les services de son proxène public ; en échange, elle lui conférait des privilèges et des honneurs exceptionnels.

Le contrat, de privé qu'il était à l'origine, devint formel et synallagmatique. Les nécessités d'une vie nouvelle transformèrent l'usage en une institution régulière et générale.

Ainsi naquit la proxénie publique, elle fut le fruit d'une lente évolution. C'est elle seule qui maintenant va faire l'objet de notre étude.

En examinant cette institution, nous allons trouver des caractères généraux, caractères nettement détachés que n'ont pu altérer les divers groupes compacts de populations.

Mais, si les traits principaux de la proxénie publique sont presque partout les mêmes, l'institution s'est développée inégalement suivant les temps et les pays. Dans les montagnes de la Grèce centrale où la politique et le commerce n'ont jamais tenu une place importante, chez ces peuples pasteurs, la proxénie fut peu florissante et disparut de bonne heure.

Dans les grands centres religieux de la Grèce, à Délos, à Olympie, à Delphes, elle prit un caractère religieux.

Dans les cités commerçantes, chez les populations riveraines de la mer Egée, les proxènes furent des agents commerciaux très actifs. Dans les villes puissantes, à Sparte, à Athènes en particulier, la proxénie fut un instrument habile de propagande politique et commerciale.

On l'a dit (1) : « La proxénie est une de ces ins-

____

(1) Duruy : t. i, ch. IX, p. 371 et suiv.

« titutions souples que les Grecs eurent le génie
« d'enfanter. A la fois religieuse, politique et com-
« merciale, elle s'adapta aisément aux temps et à
« la politique des cités de l'ancienne Grèce. »

Ainsi décrite, la proxénie a pu revêtir certains
caractères spéciaux, caractères propres à la politique et au tempéremment des diverses cités qui
composaient l'Attique. Nous pouvons faire abstrac-
tion de ces particularités pour nous consacrer
désormais à l'étude de la proxénie publique, envi-
sagée en tant qu'institution commune aux nombreux pays grecs.

CHAPITRE II
La Proxénie publique

L'extension de l'hospitalité privée fut l'origine de la proxénie publique. L'usage va transformer cette institution et la généraliser.

Ce n'est plus le simple particulier qui est en quête de la protection d'un homme puissant, c'est une agglomération d'habitants qui va demander aide et appui au citoyen influent d'une cité étrangère. Comme les individus, les villes nomment des proxènes.

Le proxène public (1) est l'homme qui, dans sa patrie, est chargé de représenter (προιςταςθαι) les envoyés officiels et les simples citoyens de la ville dont il a été nommé l'hôte public.

C'était un citoyen illustre et influent. Démosthène

---

(1) MONCEAUX : *Les Proxénies grecques*, ch. III. p. 72.

nous le dit dans un de ses plaidoyers (1) : « Souvenez-vous, ô citoyens, que le proxène est un homme illustre entre tous. »

Ainsi protégés par des hôtes puissants, chaque état était à même de faire respecter ses intérêts financiers, religieux et diplomatiques. La proxénie rendit possible les rapports internationaux sans altérer néanmoins le caractère de la cité antique. Ennemie le plus souvent, la ville rivale disparaissait complètement derrière le proxène public qu'elle avait choisi comme représentant. Tout comme dans la vie privée, l'esclave disparaissait derrière le maître.

De même que la constitution de la famille ne fut point ébranlée par la présence de l'hôte privé au repas du soir, de même, l'admission du proxène à la vie commune ne modifia en rien le caractère de la cité. Cette dernière conserva son caractère exclusif et indépendant.

La proxénie publique se prêta aux exigences des races et des époques, sans que ses principes fondamentaux en fussent modifiés.

Deux principes importants sont à dégager. Pour ses relations avec la ville étrangère, pour la protection de ses nationaux, la cité nommait un pro-

---

(1) DÉMOSTHÈNE : *Contre Calippe*, plaid. 60.

xène public. Elle entrait dans sa clientèle, son hôte agissait pour elle et en son nom. En reconnaissance de ses services, la cité admettait l'hôte public au foyer commun, lui décernait de multiples honneurs et lui accordait des avantages de toutes sortes.

Protecteurs attitrés d'une ville parfois puissante les proxènes forment une classe privilégiée, ils sont au-dessus de tous les étrangers. Ils ont des attributions déterminées et jouissent de nombreux privilèges.

Ainsi constituée, l'institution des proxénies remonterait aux temps de la guerre de Troie. Les poêmes homériques peignent une société remuante et voyageuse. Ils mentionnent souvent le nom du Troyen Anténor comme un proxène illustre : περιϐλεπτος προξενος φν. Hérodote mentionne des représentants d'Athènes aux temps des guerres médiques. Après la bataille de Salamine, victoire navale de Thémistocle sur la flotte de Xerxés (480 av. J.-C.,) Alexandre le Philhellen, roi de Macédoine fut nommé proxène des Macédoniens à Athènes.

Eschyle dans les nombreuses tragédies fait mention également des προξένοι περιϐλεπτοι représentants notoires de certaines villes grecques. Le nom d'un certain Gallias, proxène de Sparte, revient souvent dans ses écrits. La revue allemande *die Athener Zeitung* et le recueil épigraphique de Bœckh relatent les inscriptions de décret de proxénie en Corcyre. Au titre 4, dans Bœckh il est dit que Pétilia, colonie Thessalienne de la grande Grèce possédait au VII⁰ s. av. J.-C. au moins cinq proxénes en titre.

Un texte des plus explicites nous est donné par Pausanias. Il nous est dit (1) : après la prise d'Ithôme, tous ceux des Messéniens de Sicyone et d'Argos et quelques-uns de ceux des villes d'Arcadie se retirèrent dans leurs cités.

De ce passage important relatif aux guerres de Messénie (743-723 av. J. C.), il résulte que les villes Arcadiennes de Sicyone, d'Argos et d'Ithôme avaient déjà des proxènes. Le germe de l'organisation de la proxénie publique pouvait exister dès le temps des poèmes homériques, les relations commerciales ayant pris un développement considérable grâce à l'invention de la monnaie et de l'écriture.

Il est à signaler, que dès le début, l'institution aurait eu un caractère héréditaire. Témoin, ce Gallias envoyé par les Athéniens à Lacédémone, qui nous dit que le titre de proxénie dont il était honoré, lui a été transmis par son aïeul qui le tenait lui-même de son père.

---

(3) *Pausanias*, IV, 14. — *B. de Corr. Hell.* t. 2, p. 163.

Μεσσηνιων δε οσοις μεν ετυχον εν Σιχυωνι ουσαι, χαι εν Αργει προξενιαι, χαι παρα των Αρχαδιον τισιν, ουτοι μεν εις ταυτας τας χωρας απεχωρησαν.

την μεν προξενιάν υμων ουκ εγω μονος, αλλα και πατρός πατὴρ πατρῷᾶυ εκων τῳ γενει.

L'institution des proxénies se développa librement dans ces républiques autonomes et indépendantes. Comme l'a dit Mally dans son histoire des Grecs (1) : « L'institution des proxénies, ou régime de l'hospitalité publique dans l'ancienne Grèce, suivit les oscillations et les fortunes de l'histoire hellénique ». Dès que les progrès de là conquête mirent en rapport suivis Rome et la Grèce, de nombreuses villes d'Orient nommèrent dans la cité victorieuse des représentants avec titre héllénique de προξένοι.

Les auteurs latins traduisent par l'*hospitium publicum*, le mot grec προξένια. Pline le Jeune dans ses lettres identifie l'*hospitium publicum* et le *patronatus*.

Le patronat, comme la proxénie était le prix de services rendus. Patrons et proxènes servaient d'intermédiaires entre l'état et les non citoyens, tous deux étaient des protecteurs riches et puissants.

Souvent, le personnage honoré recevait à la fois les titres d'hôte public, de citoyen et de patron. La ville de Syracuse nomma Marcus Cicero patron et proxène (2) des syracusains à Rome.

------

(1) MALLY. *La Grèce ancienne*, Ch. v. des Institutions, p. 118 et suiv.
(2) RHODES, *Tite Live*. xiii. (14).

Fabricius, célèbre général et d'autres romains reçurent à la fois le double titre de patrons et de proxènes. Des villes comme : Syracuse, Mitylène entrent dans la clientèle des grandes familles romaines, elles nomment à la fois des patrons dans le sénat de Rome et un ou plusieurs hôtes publics. Rhodes (1) eut à la fois des hôtes publics et des patrons. Delphes (2), choisit : Flaminius comme proxène et Claudius pour patron.

L'un des derniers proxènes Attiques est un romain, Lucius Hortensius (170 av. J.-C).

Cette double nomination de proxènes et de patrons, se produisit au début de la conquête romaine. Aux temps de César (101-44 av. J.-C.) la transformation était accomplie, les villes de la Grèce ne nomment plus dès lors que des patrons dans le sénat de Rome. Le patronat, adopté par les mœurs et la langue, fut la forme romaine de l'hospitalité. Les cités grecques ont des représentants à Rome : Pompée est nommé patron de Mitylène ; César, patron de Chios ; les Claudii, patrons de Sparte ; Agrippa, patron de Corcyre ; les Pisons, patrons des Achéens.

La proxénie publique était une institution d'états

---

(1) DELPHES. *Inscriptions. Bul. de Cor. Hel.* vi. 414.
(2) M. CICERO. *Verrines.* i. 65.

libres et autonomes, elle survécut un certain temps à l'indépendance des cités grecques et s'éteignit sous la forme romaine du patronat. La loi romaine protégeait partout les étrangers, les auberges se multipliaient, les gouverneurs veillaient à la sécurité de toutes les provinces de l'empire. Pour ces multiples causes, la proxénie grecque céda la place au patronat romain.

Divers textes, des fragments épars recueillis dans les œuvres de l'ancienne Grèce nous ont donné la preuve de l'antiquité des proxénies.

Le VIIe siècle av. J.-C. qui marquerait l'avènement de l'institution, est, au dire des historiens, une phase importante dans la constitution des états grecs. Il correspond à l'abolition du pouvoir royal et à l'établissement de l'oligarchie. Les différentes peuplades de la Grèce violemment agitées et déplacées par les invasions doriennes, vont, de guerre lasse, assoiffées de paix, s'installer sur le sol de leur patrie respective.

Les cités se forment, entrent en rapport les unes avec les autres. Les relations commerciales se multiplient. Des spectateurs accourent de tous les points de l'Hellade afin d'assister aux jeux solennels qui se donnaient à des époques déterminées. De même, autour des métropoles sacrées se pressent les re-

présentants des cités issues d'une même famille;
des fêtes religieuses d'un grand éclat étaient célé-
brées en l'honneur des dieux communs.

Cette pénétration des peuples établit une unifor-
mité dans les coutumes et apprit aux hommes à
se protéger réciproquement les uns les autres.

CHAPITRE III

De la nomination des Proxènes

DES CONDITIONS DE LA PROXÉNIE

SECTION PREMIÈRE

Nomination des Proxènes. — Modalités de la nomination.

La diversité des états de l'ancienne Grèce, l'indépendance de nombreuses villes et îlots sont autant de facteurs, qui, joints à la multiplicité des inscriptions épigraphiques viennent compliquer la question que nous nous proposons d'examiner.

De l'étude comparative des nombreux documents de proxénie, il résulte qu'en principe, seuls, les états souverains nommaient des hôtes publics. On devenait proxène d'un état en vertu d'un décret du sénat et du peuple, parfois du peuple seul. La décision était prise par des assemblées régulièrement convoquées. Elle n'était valable que si le candidat obtenait le nombre légal de suffrages (1). Le décret de nomination était gravé, une stèle ou marbre commémoratif était dressé dans un lieu public, et souvent même, le nom du proxène élu était inscrit sur une liste spéciale de représentants (2).

L'avis de nomination était transmis au nouvel hôte public, parfois à sa patrie. Cet avis, simple lettre, copie ou résumé du décret était souvent, par une attention délicate, orné des emblèmes de la ville natale du proxène. En Thessalie (3), on gravait au bas de l'acte de nomination les armes de la ville : deux corbeaux sur un char d'airain.

Dans un décret de proxénie rendu en faveur d'un certain Dionysios, proxène de Locride à Athènes (4), est représentée dans le champ du fronton du décret, la chouette athénienne entre deux branches d'olivier.

Les états souverains nommaient en principe des hôtes publics. Le proxène de Sparte était nommé par les magistrats, après avis du peuple.

---

(1) MONCEAUX. *Proxénies*. Livre ɪɪ, p. 23.
(2) ANT. HELL. tome ɪɪ. p. 180.
(3) FOUCART. *Inscriptions de Thessalie* nᵒ 132.
(4) ATHENER INSTITUT. *Locride*, nᵒ 1882.

On n'était proxène des Athéniens qu'en vertu
d'un décret du peuple rendu dans une assemblée
ordinaire, après avis du sénat. Comme exemple de
cette procédure régulière, les épigraphistes mentionnent le décret rendu en l'honneur du médecin
Evenor, proxène d'Athènes à Argos (1). Telle était
à Athènes la procédure et le mode de nomination
des hôtes publics. Nous allons voir, que cette procédure régulière, qui relevait de la haute autorité
du sénat, fut souvent violée.

C'est le peuple, qui, dans un élan d'enthou-
siasme et de générosité, va déléguer la proxénie
à un élu de son choix. Le sénat, consulté après
coup, ratifiait sans peine le choix du peuple. Ou
bien, ce qui est plus rare, c'est de trouver des
décrets de proxénie émanant de la seule initiative
du sénat, qui seul, élaborait les décrets et en réglait
les détails.

Cette intervention spontanée du sénat Athénien
s'expliquerait par ce fait, que toutes les inscriptions de proxénie tombées en vétustée pouvaient
être gravées à nouveau sans avis du peuple. De
même, pour faire ajouter à une stèle de proxénie
d'autres décrets, l'avis du sénat était seul néces-

-----

(1) ATHENER INSTITUT. *Argos*, n° 312.

saire. Témoin, ce Mède illustre, dont les aïeux obtinrent le titre de proxène, qui, voulant réunir
sur le même marbre tous les décrets concernant
sa famille, s'adressa uniquement au sénat d'Athènes. Ce dernier rendit un décret d'autorisation
sans en déférer au peuple (1). Dans ces divers cas,
d'ordre purement administratif, le sénat était généralement seul compétent.

La procédure était normale : lorsque le sénat exa-
minait les titres que faisait valoir le candidat, il le
présentait au peuple assemblé et le lui recom-
mandait.

Comme le peuple avait plein pouvoir, les candidats à la proxénie comprenaient qu'il importait
avant tout de lui plaire et de le convaincre. Aussi,
nous est-il rapporté qu'ils allaient le plus souvent droit au lieu où siégeait l'assemblée, au
Pnyx, sans passer par le Prytanée (lieu de réunion
du sénat.).

Arrivé en présence de l'assemblée du peuple, le
candidat plaidait sa cause, faisait valoir les titres
et les mérites susceptibles de lui attirer la reconnaissance du peuple. (Sur ces titres, sur ces mérites, nous nous expliquerons dans un chapitre

____

(1) FOUCART. *Epig.* n° 49. *Mèdes.*

ultérieur.) Une fois entendu, l'assemblée rendait sa décision. Le candidat ayant obtenu le nombre légal de suffrages était agréé par l'assemblée. Cette dernière rendait un « probouleuma » proposition tendant à nommer un tel... proxène.

Le sénat devait donner ensuite son avis. Dans le plus grand nombre de cas, il ne faisait que confirmer le choix de l'assemblée du peuple.

D'autrefois encore, la procédure de nomination était plus simplifiée. Le sénat, à la demande du candidat, d'ambassadeurs, accordait une audience du peuple et décidait qu'on soumettrait la question à l'assemblée dans les délais voulus par la loi : οταν εζηκει ο εκ του νομον Le peuple modifiait à son gré l'acte du sénat, sous forme d'amendements, il ajoutait de nouveaux privilèges à la proxénie.

Parfois encore, à la suite d'un grand traité d'alliance, Athènes, Sparte, etc., accordaient le titre recherché d'hôte public aux principaux citoyens de la ville étrangère. Moyen habile destiné à s'assurer la fidélité de la cité rivale. Ce fut le cas en 407, quand, Alcibiade fit ratifier son traité avec Sélymbrie et nommer proxènes deux citoyens de cet état (1).

____

(1) *Bul. de Corresp. Hell.* t. i. 300. — *Corpus Inscriptum, Att.* nᵒ 61.

Dans les états souverains, qui en principe avaient seuls le droit d'avoir des hôtes publics, le mode de nomination des proxènes était varié. A Athènes, le peuple, très jaloux de ses prérogatives, décernait souvent la proxénie sans prendre l'avis du sénat. Dans certains cas il statuait de suite. La loi proposée par Leptine pour la suppression de l'atélie fut votée d'urgence par le peuple ; de là, à ne point consulter le sénat, il n'y avait qu'un pas.

A coté de ces états souverains nous trouvons la Cité. Ces villes, la plupart cités marchandes éparses sur le littoral de la Grèce, jouissaient d'une grande autonomie et commerçaient librement entre elles. Des textes nous révèlent qu'elles connaissaient la proxénie. Les grandes cités de la côte de Macédoine n'ayant jamais été autonomes, n'eurent pas des proxènes. Au contraire, nous voyons l'institution des proxénies se développer dans les cités avoisinant les bouches du Danube et les rives du Bosphore.

L'hospitalité publique se propagea également avec succès sur toutes les côtes de la mer Egée, en particulier dans les Cyclades (1). C'était l'instrument nécessaire des échanges internationaux pour

____

(1) MONCEAUX. Voir *Cyclades*, Proxénie dans les îles de la mer Egée. Livre III, ch. 2.

ces villes essentiellement commerçantes. Sans compter la cité de Délos, où l'institution eut une couleur religieuse à cause du temple d'Apollon, on connaît les proxènes des villes de Paros, d'Ios, de Mélos, de Carthaea, de Coéos (1).

Les Cyclades honoraient leurs hôtes publics avec une grande solennité. Les couronnes d'or qu'on leur accordait étaient décernées en grande pompe. Les formules, les considérants des décrets de proxénie, les honneurs et les privilèges décernés aux proxènes, étaient identiques à ceux de la ville d'Athènes, cette dernière ayant dominé longtemps la mer Egée.

Les Crétois, que nous ne saurions passer sous silence, étaient célèbres dans l'antiquité par leurs sentiments hospitaliers : « On a en Crète, » dit Héraclide de Pont, une grande bienveillance pour les étrangers, et on leur donne la préséance dans les jeux (2). Les villes de Crète avaient une vie indépendante ; elles servaient d'entrepôts au commerce international. Des textes (3) révèlent les hôtes publics de Gnosse, d'Arcade, de Gortyne, d'Hierapytna, d'Aptéra, etc.

---

(1) PAROS-IOS. *Annali Gr.* 1842, p. 158.

(2) HÉRACL. DE PONT. *Des Crétois.* Fragment 3. *B. d. Corr. Hell.* IV p. 354.

(3) WADDINGTON. *Gnosse.* Hierapytna. *Arch. Zeitung.* 1865, p. 167.

La revue des études grecques (1) a publié une
collection de documents montrant quelles étaient
les relations d'une grande ville crétoise au commencement du second siècle. C'est ainsi que la
ville d'Aptéra (2) avait à elle seule des représentants :

En Crète : à Gnosse, Hierapolis, Hierapytna,
Malla, Priansos.

En Grèce : à Lacédémone, Cythére, Hermione,
En Achaïe : à Patras, à Paros.

En Asie : à Pergame, Magnésie, Héraclée, Lamp-
saque, Héraclée, Nicomédie.

Parmi les hôtes publics d'Aptera figurent deux
rois : Attale, roi de Pergame ; Prusias, roi de Bi-
thynie. C'est, fortes de leur indépendance, que les
cités avaient de nombreux représentants. Telle,
la ville d'Aptera, qui à elle seule nommaient des
hôtes publics dans les principaux centres de l'Asie
et de la Grèce.

Ces villes florissantes et libres, dès qu'elles eurent
perdu leur autonomie, cessèrent de nommer des
proxènes. La proxénie était pour les cités grecques tout comme pour les états, l'indicateur visible
de leur indépendance ; ce privilège disparut dès
qu'elles ne jouirent plus de leur autonomie.

---

(1) APTERA. *B. C. H.* m *C. I. Gr.* 2558-9.
(2) *Ibid.*

Ces villes nombreuses dans l'ancienne Grèce s'unissaient entre elles par de simples relations de voisinage
ou d'amitié réciproque. Carthea a un proxène à
Athènes, il représente les deux villes de Céos et de
Carthea. Dans les îles d'Eubée, de nombreuses villes
nomment des hôtes publics communs. Thucydide (1)
mentionne un certain Strophacos de Pharsale, hôte
public des Eubéens à Chalcis. Ce proxène, représentant des villes d'Eubée, se signala comme un ennemi
d'Athènes aux temps de la guerre du Péloponése et
guida les armées à travers la Thessalie.

A côté de ces unions locales groupant des villes
voisines, liées les unes les autres par des rapports
d'amitié, on a trouvé en diverses régions des actes de
proxénie émanant de confédérations, groupements
d'inégale étendue, englobant des villes ou des états.
A l'intérieur des cités helléniques, ou bien en dehors
et au dessus d'elles, se formaient de nombreuses association d'individus, de villes, d'états. Le principe
d'association a heureusement élargi le cadre un peu
étroit de la famille et de la cité antique.

Il existait en Grèce des associations de tout genre :
les unes nettement politiques, d'autres commerciales
ou artistiques, d'autres enfin presque exclusivement

---

(1) Thucydide, III. — 2-25.

religieuses. La proxénie s'est également développée dans ces divers groupements.

Le proxène de ces associations, chargé de veiller à leurs intérêts, était nommé par l'assemblée générale, par le conseil de la confédération tout entière, τὸ κοῖνὸν.

C'est ainsi que nous voyons décerner la proxénie par le conseil des Amphictions, par l'assemblée générale des Lacédémoniens, τῳ κοίνῳ τῶν λακέδαιμὸνιῴν, par celles des Achéens, des Béotiens, des Acarniens, des Œnianes, des habitants des îles fédérées de Ténos (1).

Egalement, sur les bords du Pont-Euxin, les cinq villes d'Odessos (2) (Mésombria — Tomes — Istropolis — Callatis — Apollonia), nommaient des hôtes publics par l'organe de leur conseil fédéral assemblé à Délos.

Ainsi nommé par une confédération ou par des villes indépendantes, l'hôte public recevait en même temps que sa nomination officielle, le titre, honorifique de προξένος τον κοινού της πόλεὸς. Les hôtes publics des villes de Délos et de Delphes, en considération de la dignité et du renom de ces sanctuaires étaient qualifiés de :

____

(1) ECHL. *Corp. Inscr.* Nos 1542-1793-1665. τῳκοινῳ τῶν Αχαιων, τῶν Βοιωτῶν τῶν Αχαρνανιῶν, των Αινιανῶν...

(2) C. I. 2057. *B. de Corr. Hell.*, tome III, nᵒ 114. — *Rohl.* Cᵢ Inscr., nᵒ 2057 et suiv.

προξένοῒ καὶ εὐερρέται του ιερου καὶ πολᾶός. proxènes et bienfaiteurs du temple et de la cité.

Les Etats, les villes indépendantes, les confédérations nomment des hôtes publics. A côté de ces
personnalités du droit international, il existait certains tyrans des τυραννοι αυτοκρατοί. sortes de despotes
gouvernant des petits états voisins de la Grèce. Eux
aussi nommaient des représentants dans les républiques
helléniques. Ces souverains étaient pour la plupart
hôtes publics des états de la Grèce; il n'est point étonnant, qu'à leur tour, ils aient nommé des proxènes
dans les cités et les états. L'intérêt de leurs sujets, les
relations commerciales, politiques ou personnelles,
leur recommandaient de ne pas négliger ce puissant
moyen d'action.

L'existence des proxènes royaux est attestée par
Xénophon dans l'Anabase. Les rois du Bosphore
nommaient des proxènes à Sinope et à Trébizonde; ils
étaient déjà les hôtes publics de ces deux villes.

Poérisades roi des Œnianes, accorde la proxénie de
sa propre autorité à un citoyen d'Amnisos (1).

De même, le satrape de Corylos nomme des représentants dans les villes de la côte (2).

---

(1) *Bul. de Corr. Hell.* t. IV, p. 155. *Arch. zeitung* 1888 p. 183.
(2) *Revue d'Athènes* 1887, t. III. p. 78.

Les historiens nous révèlent eux aussi le pouvoir de ces proxènes royaux. Nous trouvons dans Clavier : (1) « Quand Philippe de Macédoine eut chassé les Athéniens de l'Eubée, les tyrans qu'il établit dans les îles furent choisis par Athènes comme hôtes publics. A leur tour, ces tyrans nommèrent des proxènes. »

Ce mode spécial de nomination n'infirme en rien le principe de droit public qui régit la matière (2) :

« Le privilège de nommer des hôtes publics était, dans l'ancienne Grèce, un des attributs de la souveraineté. »

La proxénie est une institution républicaine, les rois et les tyrans y suppléent par l'hospitalité privée. »

SECTION II
Conditions de la Proxénie

Un principe général domine la matière : La proxénie n'était donnée qu'à des hommes. Ces derniers, ayant seuls les droits politiques dans leur patrie, pouvaient s'acquitter des fonctions d'hôte public. Néanmoins, comme tout principe, celui-ci souffrit des exceptions, des femmes illustres se virent décerner le titre de proxènes.

---

(1) CLAVIER, *Histoire des Temps anciens de la Grèce*, ch. III., p. 118.
(2) MONCEAUX : *Proxénie grecque*, livre III, ch. II. p. 123.

Parmi elles nous pouvons citer la prêtresse Chrysis à Delphes (1). Scribonia Philotera à Milo (2). Une poétesse de Smyrne à Lamia (3).

Il est à remarquer que toutes ces femmes qui avaient reçu la proxénie jouissaient de tous les honneurs et privilèges qui s'y rattachaient, mais elles n'en assumaient pas les obligations. C'était pour les femmes une sorte de décoration.

Les hommes pouvaient seuls se porter candidats à la proxénie. Mais ne pouvait être proxène qui voulait. Les éthéloproxènes ou proxènes futurs, candidats à la proxénie, devaient remplir deux conditions très importantes : L'une, c'était d'être très riche, l'autre condition consistait en services signalés, services rendus par les siens ou par le candidat lui-même. Le candidat à la proxénie était un citoyen puissant et riche, apte à rendre des services à la cité qui l'honorerait du titre d'hôte public.

Il fallait sans aucun doute être prodigieusement riche pour remplir une des fonctions de la proxénie qui exigeait de l'hôte public l'obligation de recevoir dans sa patrie tous les citoyens de la ville qui l'avait nommé. (Voir ultérieurement au chapitre des obliga-

---

(1) *Arch. zeitung* : 1876. *Delphes*, p. 171.
(2) C. I. *Rohl*, n° 193.
(3) *Le Bas-Wad.*, tome II. n° 1142.

tions). Les auteurs grecs ont conservé le souvenir de ce Sicilien qui durant plusieurs jours offrit l'hospitalité à cinq cents cavaliers d'une ville voisine.

Dans son Protagoras, Platon nous parle d'un proxène de Sparte à Athènes qui abandonnait à ses hôtes des maisons entières. Ouvrir sa maison au plus grand nombre possible d'étrangers, les combler de dons et d'attentions délicates était la façon la plus ordinaire d'afficher sa richesse. Aristote recommande de bien tenir compte des hôtes quand on construit une maison (1). Des appartements spéciaux leur étaient réservés. La description que Vitruve nous a laissée de la maison grecque est à cet égard fort intéressante (2) : A droite et à gauche du péristyle on batit des maisonnettes ayant des portes particulières, des triclinia et des chambres commodes. Quand arrivent des hôtes, on les reçoit non pas dans le péristyle, mais dans les appartements qui leur sont réservés.

Ainsi, les gens de la maison n'étaient point importunés par la présence d'étrangers et les hôtes conservaient toute leur indépendance.

On ne devait aux hôtes que le toit et le feu. Mais il était d'usage de les inviter à dîner le jour de leur arrivée. Le lendemain on leur envoyait des poulets, des œufs, des choux, des fruits.

---

(1) Nicomaque : *Morale*, IV. — *Œconom.*, 1. 6.
(2) Vitruve, ch. VI, p. 7.

L'historien Polyclite a vu dans une cave de l'un des palais construits par Gellias d'Agrigente pour recevoir les étrangers, trois cents réservoirs taillés dans le roc dont chacun contenait cent amphores.

Pour fournir à ses nombreux hôtes une si généreuse hospitalité, il fallait être très riche. Bien peu d'hommes dans chaque cité pouvaient affronter de telles dépenses. La puissance et la richesse étaient des titres importants pour celui qui briguait la proxénie.

Il fallait encore rendre des services signalés. Les proxénies ont eu le sort de toutes les récompenses honorifiques : Prodigués dans les derniers temps, les titres de proxène et de bienfaiteur n'étaient accordés à l'origine qu'en échange de longs et importants services rendus par le candidat ou ses ancêtres aux individus ou à l'état. Les services rendus aux individus étaient considérés comme les moins importants.

Des formules banales les expriment dans les considérants décrets : Voici à titre d'exemples (1) :

« Parce qu'il traite avec munificence les envoyés et les citoyens d'Athènes qui arrivent dans la ville... »

« Parce que c'est un homme bien disposé pour le peuple athénien et maintenant et dans le passé... » « Il est disposé à faire aux Athéniens tout le bien qu'il

______

(1) *Bull. de Corr. Hel.*, tome 3, ch. I. p. 115. — *Corpus Ins. Gr.* n° 382-8-380.

peut. » Recevoir les Athéniens dans ses nombreuses maisons, solliciter pour eux une audience, les présenter soit aux magistrats, soit au peuple, procurer à ses hôtes des places aux théâtres, leur servir de patron s'ils avaient quelque affaire en justice, etc... En un mot, être utile en toute circonstance aux étrangers était un des premiers devoirs de quiconque voulait devenir hôte public.

Parfois encore le candidat insistait sur les mérites de ses ancêtres. Il montrait qu'il avait hérité de toutes leurs dispositions. On exploitait les idées reçues sur la solidarité des familles (1) : « Un citoyen de Trézène « briguant la proxénie demande une audience au « sénat d'Athènes. Devant l'assemblée, le candidat « rappelle que les deux villes de Trézène et d'Athènes « ont une origine commune, que ses ancêtres ont tou- « jours été de temps immémorial les amis, les protec- « teurs d'Athènes la grande, que lui-même a tout fait « pour elle, et qu'il transmettra ses sentiments bien- « veillants à ses descendants, etc... »

Des décrets ont accordé la proxénie eu égard au mérite constant des ancêtres du candidat : « Il est « digne de la proxénie, ses ancêtres furent bien- « veillants et toujours conciliants pour notre cité. »

Bienveillance, hospitalité, être animé de bonnes

____

(1) *C. I. Gr.*, titre de Délos, nᵒ 2-144.

dispositions vis à vis les membres d'une cité, telles étaient les qualités utiles à tout candidat à la proxénie.

S'il était avantageux de rendre des services aux individus, ressortissants de l'état dont on recherchait le titre de bienfaiteur, mieux encore, il était de bonne politique de rendre d'importants services à l'état lui-même. Ici encore, les considérants des décrets sont pour nous une source d'utiles renseignements : « Attendu qu'il s'est signalé par ses bienfaits pour le temple de Délos (1) et a toujours pris en main les intérêts de notre cité, par ces motifs, etc... » « Attendu que X... s'est toujours montré hospitalier pour le peuple des Erétriens (2)... qu'il n'a rien négligé de tout ce qu'on pouvait attendre de lui, etc. » « Attendu que le candidat ne cesse de donner des preuves de la bienveillance traditionnelle de sa famille pour le peuple d'Esiopolis et de lui rendre de nombreux services, se montrant bon et empressé pour tous... Attendu d'autre part qu'il a toujours donné d'éclatants témoignages de son affection pour la cité, sans que jamais cette affection ne se soit démentie... Par ces motifs, le peuple d'Esiopolis...

---

(1) *Revue grecque*, 1887, tome IV, p. 113.

(2) Ch. Levesque, *Athènes et ses guerres.* — *Revue des Etudes grecques*, 1889, tome II. p. 140.

Ces divers considérants très explicites nous montrent qu'en rendant des services importants à un état, les candidats à la proxénie avaient à leur acquis des titres sérieux pour obtenir cette dignité.

Racheter, soigner et entretenir des prisonniers était considéré comme un réel service. Il nous est dit qu'au temps de l'expédition de Sicile (1), Epikerdès de Cyrène racheta de nombreux captifs et donna cent mines aux Athéniens retenus prisonniers en Sicile. Cent mines était un cadeau minime, mais eu égard aux circonstances où se trouvait Athènes, ses finances étant épuisées, le sénat, en nommant Epikerdès hôte public d'Athènes en Sicile, voulut de la sorte récompenser sa louable initiative.

En 229, le peuple Athénien jugeant urgent de fortifier le port de Zéa, fit appel à la générosité privée. Un étranger rivalisa de zèle avec les plus riches Athéniens, fit exécuter à ses frais une partie des travaux du port et reçut en échange le titre d'hôte public.

Pychodoros de Délos fut le modèle des comptables par son zèle à faire rentrer les sommes dues au temple de Délos et à défendre son trésor ; il mérita la proxénie.

---

(1) *Rohl. C. I. Att.* titre d'Esiopolis, nº 1345.

Racheter les prisonniers, donner la sépulture aux morts athéniens, faire à propos des dons au trésor dans ses moments de détresse, étaient d'habiles moyens pour obtenir la proxénie. Mais, d'après les discours des orateurs, les Athéniens étaient très sensibles et accordaient souvent le titre d'hôte public à ceux qui leur rendaient des services purement politiques.

La proxénie fut la récompense d'Archebros et d'Héraclide qui, en livrant Byzance à Thrasybule, rendirent les Athéniens maîtres de l'Hellespont et du Bosphore.

Vers 200, pendant la guerre contre Philippe de Macédoine, une flotte de Byzance vint au secours d'Athènes. Le peuple Athénien, reconnaissant, accorda la proxénie à l'amiral, et aux officiers, des honneurs importants. Il était également d'usage de récompenser avec le titre de proxène le zèle des juges étrangers qu'une cité demandait à sa voisine pour expédier les causes politiques où l'on pouvait craindre que l'impartialité des juges naturels ne résistât pas aux intrigues de parti.

Les otages livrés à une cité étrangère comme garants d'un traité de paix en devenaient parfois proxènes. Un décret de la confédération des Achéens accorde la proxénie aux otages de dix villes ennemies.

Une mission politique était aussi pour l'étranger qui s'en acquittait, l'occasion d'être investi de la qualité d'hôte public. C'est à ce titre que le carthaginois Nobas, qui cherchait en Grèce des alliés contre les romains, obtint la proxénie.

Pour terminer ce rapide exposé des motifs de proxénie, nous citerons deux titres fort curieux. A leurs détenteurs, les villes et les états ne savaient rien refuser. Il leur était accordé la proxénie et de nombreux privilèges. Ces titres sont ceux : d'artistes et d'approvisionneurs de blé.

Nous ne devons pas nous étonner que dans l'ancienne Grèce, ce pays si épris du beau sous toutes ses formes, on ait accordé plus d'une fois le titre si envié de proxène : aux poètes qui célébraient la patrie dans leurs vers, aux artistes qui l'enrichissaient de leurs œuvres. Pindare le reçut des Athéniens pour avoir surnommé la cité de Cécrops : « Le rempart de la Grèce. »

Les Lamiens décernèrent le même honneur à un sophiste d'Hypata (1) qui avait célébré magnifiquement leur cité. En Crète, une curieuse méthode pour obtenir la proxénie était de composer ou simplement de débiter avec conviction des vers

____

(1) *Revue Grecque* 1888. — B. C. H., tome II, p. 56 et suiv.

bons ou mauvais sur les antiquités du pays et les gloires locales. Un étranger de Téos se fit bien venir en exécutant avec accompagnement de cithare des morceaux des vieux poètes. A Priansos, il fit un discours sur l'histoire de la ville, donna une séance de musique suivie d'une conférence littéraire, et offrit aux magistrats un cycle historique composé par lui avec des extraits de vieux poètes et d'historiens (1).

De même, dans le but d'honorer la science et le talent, les habitants d'Ilion donnèrent le titre de proxène et de bienfaiteur au médecin Métrodore d'Amphiopolis, pour avoir guéri d'une blessure le roi Antiochus le Grand.

Après les poètes, les artistes et les médecins, les approvisionneurs de blé obtinrent la proxénie. Les Athéniens craignirent toujours de mourir de faim. Il y avait de terribles lois alimentaires : tout citoyen qui transportait du blé pour le vendre en dehors de l'attique était menacé du dernier supplice (2). Les proxènes athéniens de Tyr, de Sidon, veillaient sur l'approvisionnement du marché. Au témoignage de Démosthène, le Pont exportait à Athènes plus de blé que tous les autres pays réunis.

----

(1) *Revue des Ecoles françaises d'Athènes*, *1882*, t. ii, p. 116.
(2) Lycurgue contre Léocrate, 27.

Il était donc nécessaire de s'établir solidement sur l'Hellespont, cette route du Bosphore-Cimmérien d'où venaient presque tous les blés. Ne pouvant occuper la région, les Athéniens firent la cour aux petits souverains du pays et gagnèrent leur amitié. De nombreux décrets de proxénie furent rédigés en l'honneur des princes du Bosphore. Les Athéniens accordèrent à Spartacos, Périsadés et Apollonios, une foule d'honneurs en échange de la promesse formelle d'envoyer du blé à Athènes (1). Pendant cinq ans, de 330 à 336, une cruelle disette ravagea l'attique, de nombreux décrets vont récompenser et accorder le titre d'hôtes publics à ceux qui avaient soutenu et favorisé le marché d'Athènes.

Ainsi donc, l'hospitalité accordée généreusement à tous les citoyens d'un état, le bienfait des ancêtres, le rachat des prisonniers, l'ensevelissement des morts, les envois de blé et tous les services politiques étaient les principaux motifs que faisaient valoir devant l'assemblée les candidats à la proxénie.

Le succès n'était pas douteux quand un orateur pouvait dire de son client et lui rendre cet hommage public : « Un tel... à l'exemple de son père, n'a cessé « de prouver ses bonnes dispositions envers vous, ô

____

(1) C. PERROT. *Le commerce des céréales en Attique, au IV⁰ siècle av. notre ère*, ch. 2-3.

« Athéniens de rendre service à tous les ambassadeurs
« et à tous les citoyens qui arrivaient là-bas... il a
« protégé ceux des vôtres qui guerroyaient en Asie...
« après la bataille du Gramine il en a sauvé, racheté et
« renvoyé beaucoup à Athènes... au temps de la disette
« il vous a expédié tant de blé... souvenez-vous, peuple
« d'Athènes, qu'en toutes circonstances il n'a cessé de
« vous plaire. (1) »

Ce plaidoyer dont nous avons relaté les points
essentiels met en relief les motifs principaux qui faisaient concéder le titre d'hôte public. Cette distinction
servit à récompenser une longue fidélité. Ce fut un
moyen efficace pour gagner ou désarmer des ennemis.
Ce fut enfin une mesure habile pour s'attacher les
citoyens les plus influents d'une république étrangère.

Au début, l'obtention du titre était subordonnée à
des motifs sérieux de reconnaissance, dans la suite et
surtout à l'époque de la décadence, la proxénie fut accordée à profusion. Ne tenant compte ni des titres, ni
des mérites, mais de la faveur (2), on la donna à un
affranchi comme Lycidas, et à un esclave peu méritoire
comme Denys.

---

(1) Démosthène contre Démade. p. 135.
(2) Tissot : *Proxénies grecques*, p. 46 et suiv.

CHAPITRE IV

Des décrets de Proxénies. — Des stèles de Proxénies.

SECTION PREMIÈRE

Décrets de Proxénie. — Leur forme.

L'exposé des motifs de proxénie nous amène tout naturellement à dire un mot des décrets qui contenaient ces motifs. Nous indiquerons la forme dans laquelle ces décrets étaient conçus.

Le décret était la forme ordinaire dans laquelle les états souverains accordaient la proxénie. A Athènes, nous l'avons vu, le décret était le plus souvent rendu par l'assemblée du peuple après avis du sénat. Il était sollicité par le candidat lui-même, par le sénat, par le peuple. Quoi qu'il en soit, les formes du décret étaient variées.

L'une, très brière, ne mentionne pas les motifs pour lesquels la proxénie a été accordée. Elle en constate la simple collation. Les décrets très courts (1) sont ainsi conçus :

---

(1) *B. de C. H.*, I. p. 183. — C. I. tom. n° 1691.

« Aux dieux... ou à la bonne fortune... l'an... un tel de par la volonté du peuple a été nommé proxène.

La ville de... et ses habitants ont décerné le titre d'hôte public au fils de... à lui et à ses descendants... »

Les titres de Delphes, de Stires, d'Oponte, ont été rédigés dans cette forme générale.

Une autre forme de décret est également très courte. Néanmoins certains motifs de proxénie y sont révélés (1) : A cause de sa fidélité, et de celle ses ancêtres la confédération des Achéens a décerné la proxénie à... et à ses descendants...

D'autres décrets furent rédigés d'une façon plus explicite, ils comprennent les termes suivants (2) :

1° A la bonne fortune... au nom des Dieux... à Athènes... puis le décret mentionne le nom de l'archonte, le greffier du conseil, le jour de la prytanée, le président de l'assemblée, le nom du candidat, l'avis du conseil et celui du peuple.

2° Viennent ensuite les considérants et les motifs qui sont toujours détaillés...

3° A la fin du décret, on trouve une formule destinée à en assurer l'exécution. Elle était ainsi conçue :

« εδοξεν τη βουλη και τω δημω. »

---

(1) *C. Inscr. Atticæ* : t. II, n° 89.
(2) *C. I. Gr.*, n° 1691 — n° 1151.

Ce qui suit... a été décrété et approuvé par le conseil et par le peuple...

Parfois dans le corps du texte, on mentionnait la légimité de la décision et l'unanimité des suffrages.

Cette forme de décret est empruntée à la législation d'Athènes. Dans l'étude des institutions helléniques, il faut toujours compter avec Athènes. Son influence se trahit de diverses manières : par la ressemblance matérielle des stèles commémoratives, par l'imitation des formules, des décrets, par l'organisation même des Proxénies.

Plusieurs villes voisines, Tanagre, Orope, Mégare adoptent les textes de ses décrets. Des états éloignés : Bysance, les villes du Pont-Euxin sont en relation d'affaires suivies avec Athènes. On exporte des idées en même temps que les marchandises. Il était de bon goût d'imiter les lois d'Athènes. Démosthène l'a dit dans le discours contre Timocrate :

« Maintes villes grecques ont maintes fois décrété « quelles adoptaient vos décrets et vos lois. C'est pour « vous un sujet d'orgueil (1). »

Le décret est en général individuel. Exception était faite, lorsque pour le même motif plusieurs personnes étaient jugées à la fois dignes de la proxénie. Tel était le cas fréquent d'une proxénie collective accordée aux

______

(1) DÉMOSTHÈNE c. TIMOCRATE, 210.

magistrats qu'une cité réclamait à sa voisine pour expédier certaines affaires.

Le décret réglait lui-même tous les détails de la procédure : Expédition du décret, érection et gravure d'une stèle.

Le nouvel élu recevait un exemplaire du décret le nommant hôte public. Ce décret était rédigé sur papier, sur bois, ou sur des tablettes de bronze comme en Sicile. La ville natale du proxène en recevait parfois un exemplaire.

Le second acte de l'exécution était dévolu au secrétaire de la prytanie. Ce dernier, de par le décret lui-même devait veiller à ce que la copie du dit décret fut gravée sur le marbre ; également par ses soins, le marbre, sorte de colonne ou tables de proxénie devait être dressé au bout de dix jours dans un lieu apparent. On a trouvé un grand nombre de stèles dressées sur l'acropole. C'est bien là, sous la protection d'Athènes, qu'il convenait de placer les décrets nommant les hôtes publics de l'état, la publicité était largement assurée. Ainsi dressée dans un endroit apparent, la stèle était destinée à perpétuer la reconnaissance de l'état vis-à-vis de son hôte public.

SECTION II.

Les Stèles de Proxénie

La simple transcription du décret sur des plaques de marbre ne suffisait pas à assurer la publicité d'un pareil témoignage de reconnaissance. Il importait que tous, étrangers et citoyens, eussent sous les yeux le souvenir d'un bienfait rendu : A cet effet, une stèle d'ordinaire colonne en marbre, était dressée dans un endroit public.

L'érection des stèles commémoratives, la gravure du décret étaient à la charge de l'élu. Parfois la ville natale en payait tous les frais ; souvent encore le peuple reconnaissant prenait à son compte la gravure du décret.

Au Ve siècle, l'exécution du décret : érection de la stèle et sa gravure, étaient surveillées par le secrétaire de la prytanie (1). Plus tard, un magistrat nouveau, le secrétaire du peuple, fut chargé de ce soin.

Une loi du IVe siècle fixa le prix de la gravure à vingt et trente drachmes (2). Cet argent était fourni par l'intéressé. Le plus souvent l'assemblée prenait à sa charge tous les frais inhérents à la ncmination de l'hôte public ; mention, dans ce cas, en était faite au

____

(1) Caillemer : *Antiquités grecq.* — *Les Colacretes* (Daremlerg et Saglio), mot prytane. — *C. I. Gr.* n⁰ 282 - 186.

(2) *C. I. Gr.*, n⁰ 303.

bas du décret. Dans le cas de libéralité, l'argent était remis au secretaire de la prytanie par les trésoriers du peuple et prélevé sur une réserve spéciale appelée fonds des décrets du peuple.

Au IIIe siècle, la multiplicité et la longueur des décrets rendait les frais de gravure plus onéreux, le tarif de vingt à trente drachmes n'existe plus, c'est le proxène qui paye tous les frais...

Sur ces stèles étaient gravés : les titres en gros caractères, mentionnant, soit une partie du décret, soit les honneurs extraordinaires accordés au proxène dont on célèbre les mérites. Au dessous, dans un grand espace vide, s'étalent des bas reliefs souvent très élégants. On y gravait plusieurs couronnes de laurier. Dans le champs de la couronne on lit ces mots : « ηβοίλη-οΔῆμος. »

Les stèles de proxénie athénienne sont de belles colonnes en marbre, représentant des scènes de la vie commune ou des récits mytologiques. Nos musées nationaux (Le Louvre : salle de Phidias) possédent une vingtaine de ces stèles... nous mentionnons également pour l'avoir visité : Le musée national de Bruxelles (salle des antiquités grecques)... Nos souvenirs personnels et certains exemples empruntés à Schône (Griechische Reliefs) et à la revue *Mitth des deutsch*

Institut (1883) vont nous permettre de décrire sommairement quelques-unes de ces stèles.

Stèle d'un citoyen de Crotone (1) :

A droite, Athéna debout avec le casque, tenant enlacé dans ces bras un serpent, portant l'égide et la victoire, protège un personnage drapé se tenant à sa gauche, debout, près d'elle.

Stèle d'Héraclide de Cypre (2) :

Sur la gauche, Athéna assise, drapée, tournée vers la droite ; derrière elle son bouclier. Elle protège et ceint d'une couronne un héros étendu à ses pieds.

Stèle de Lacharès d'Appollonie (3) :

Trois hommes armés, debouts, sont tournés vers Athéna qui écoute un suppliant.

Les grecs aimaient les allégories. Athéna, à qui étaient consacrées les stèles tient partout le premier rang. A coté d'elle, sont placés parfois les dieux protecteurs de la patrie du proxène.

Le décret souvent fort long n'était pas gravé en entier. Des formules particulières le résument. Il est souvent dit : « on gravera qu'il est proxène et bienfaiteur ; on inscrira sa proxénie. Egalement

---

(1) CROTONE, C. I. II., n° 199. — SCHÔNE, planche 12, temps de Philippe.

(2) HÉRACLÈS : (fin du cinquième siècle). — SCHÔNE : *Griechische reliefs* IX-52. — *B de C. H.*, II, 563.

(3) LACHARÈS : *Musée de Palerme.* c. I-II, n° 70.

dans le décret, on ne mentionnait pas les honneurs accordés à l'hôte public. Le décret ordonnait simplement d'appliquer la loi. C'est le sens de ces formules si usitées : εἰναι δ'αὐτον προξἐνον κα'θᾶπἐρ ἀλλους προξἐνοῦς. Il sera traité comme les autres proxènes. C'était là un minimum. Le peuple joignait souvent quelques honneurs aux avantages prévus par la loi. Ici il n'y avait plus de règles. Le peuple n'écoutant que son caprice ou ses intérêts, favorisait certains proxènes plus que d'autres.

L'examen de ces colonnes nous montre que chaque stèle est relative à un seul personnage. Les divers décrets qui accordaient des privilèges successifs étaient rappelés les uns à la suite des autres. Dans ce genre, la stèle gravée en l'honneur d'Evenor, médecin d'Argos, dévoué aux Athéniens. A la suite de plusieurs décrets, Evenor obtint l'éloge, une couronne d'olivier, et plus tard le droit de cité. Ces décrets successifs furent gravés et ces divers privilèges mentionnés.

Parfois, à la demande de l'intéressé, on gravait sur la même stèle tous les honneurs et privilèges accordés à sa famille. Dans les fouilles de Délos (1), on a trouvé la stèle de Pythodoros érigée en 369. Sur

---

(1) Délos : *Proxénie,* Monceaux, ch. IV. *Revue grecque.* 1889, p. 470.

la demande de Pythodoros le peuple athénien fit ajouter sur le marbre destiné au proxène la mention des
des avantages obtenus par sa sœur et son neveu.

Tous ces marbres, stèles individuelles, stèles de famille étaient toujours, nous l'avons déjà dit, érigées
dans un lieu apparent ; à Athènes, c'était ἔν ακροπολει εν πολιε
à l'Acropole et dans le vestibule des édifices publics. Quant on voulait honorer particulièrement un
personnage on plaçait en divers lieux des copies de sa
stèle. Pour Leucon (1), on fit trois copies de sa stèle.
L'une fut érigé au Bosphore Cimmérien, la seconde
au Pirée, la troisième à l'Hiéron.

Le peuple athénien afin de donner plus de publicité
au décret, ordonnait également qu'il fut reproduit en
double exemplaire : L'un des exemplaires était placé
au siège des délibérations du sénat ; l'autre, dans un
temple. Cette dernière publicité dans les temples est
assez fréquente à Athènes ; des fouilles récentes viennent confimer ce fait. On a découvert dans les ruines
de certains temples de nombreuses colonnes de proxénie où étaient gravés des décrets. Le citoyen qui
était sur le point d'entreprendre un voyage, venait dans
le temple adresser ses supplications aux dieux. En
consultant les décrets de proxénie, il apprenait en

---

(6) LEUCON — DÉMOSTHÈNE, *Leptine* 38.

même temps de qui il devait attendre secours et protection en pays étranger.

Par leur emplacement dans des endroits fréquentés, ces colonnes attestaient grandiosement la reconnaissance d'un peuple ou d'une cité pour ceux qui leur avaient rendu des services : elles étaient faites pour récompenser le mérite et engendrer d'autres bienfaits. Ces paroles d'un orateur résument bien le rôle de ces tables commémoratives de proxénie (1) :

« Laissez, ô Athéniens, ces colonnes sur leurs ba-
« ses, les hommes qui les ont méritées ne sont plus,
« leurs services subsistent. Laissez ces bienfaiteurs
« d'Athènes à l'abri de l'injustice ; vous aurez ainsi
« un monument de votre générosité qui dira haute-
« ment à qui voudra vous servir, que la république à
« rendu bienfaits pour bienfaits. »

(Démosth., plaid. IV. — De Mally, loc. cit.)

---

(1) Mally (J. de) *La proxénie et la politique d'Athènes*, rapport lu à l'Académie des Belles-Lettres, Paris 1891.

CHAPITRE V

DES LISTES DE PROXÉNES. — DES GARANTS

DE LA PROXÉNIE.

SECTION PREMIÈRE

Des Listes de Proxènes

L'usage des listes ou catalogues alphabétiques de noms propres était une coutume très répandue dans l'ancienne Grèce. Dans de nombreux sanctuaires on dressait des listes de prêtres. Les magistrats, les vainqueurs aux jeux voyaient également leurs noms affichés sur une liste.

Sur un monument de Mésambria, ville de Pont-Euxin, il est rappelé (1) que « la loi et la coutume constante de la ville, font une obligation à tous ceux qui travaillent dans la cité, de venir s'inscrire sur une liste spéciale. »

Souvent encore, on notait chaque départ de colons. Des listes de départ, gravées sur la pierre, ont été retrouvées à Chalcis. Ces listes constituent ce que Nitzch

____

(1) *C. I. gr.* titre de Mésambria, nº 2053. — *B. de C. H.*, tome II. — 412.

a surnommé : Les véritables annales des colonies Chalcidiennes.

Plusieurs listes découvertes à Rhodes, à Cos, à Calymnos, nous montrent que dans les cités doriennes il était d'usage de recenser fréquemment les habitants. Leurs noms et professions étaient affichés dans les temples et autres lieux publics.

Dans d'autres pays, à Athènes, à Sparte, du moins à l'origine, les étrangers qui à la suite d'un décret avaient obtenu des privilèges importants avaient leurs noms gravés sur des listes ou grandes tables de marbre. Ces tables qui furent dans la suite d'un nombre excessif à l'époque de la décadence de l'institution des proxénies, ne furent plus placées dans les temples, **mais dans** les endroits publics disponibles. Ces εὑρέσιαι, tel étaient le nom de ces listes, servaient de contrôle aux magistrats, elles constataient l'identité et les droits des citoyens.

A Ephèse (1), le peuple ordonne aux surveillants du temple d'Artémis d'inscrire les privilèges accordés aux hôtes publics : « Là où sont inscrits les autres. »

En dehors de ces listes générales, il y avait des listes spéciales où étaient gravés des faits importants.

---

(1) EPHÈSE : Vood : Inscr. fr. trad. : Te temple of Diana.

On a trouvé à Pharsale (1) des listes de notables étrangers faits citoyens à la suite de bienfaits consistant, pour la plupart, en sommes d'argent données à l'état.

Ainsi le voulait l'usage, on dressait partout et pour tout des tables commémoratives.

Aussi, il est aisé de comprendre que dans la matière que nous traitons, il devait y avoir des listes ou catalogues alphabétiques contenant le nom des proxènes.

Dressées avec soin, ces listes présentaient des avantages. Elles dispensaient dans les moments de presse d'avoir recours à l'original du décret déposé d'ordinaire dans les archives. Déposées dans un temple, les listes profitaient de son inviolabilité.

Ceux qui avaient ordinairement et le plus souvent recours à ces listes étaient les magistrats et les voyageurs.

Le magistrat, grâce à ces catalogues, constatait rapidement les droits des étrangers privilégiés. Le citoyen, qui était sur le point d'entreprendre un lointain voyage, consultait ces listes. Elles le renseignaient sur le nom, la patrie, et la qualité des représentants de sa nation en pays étranger.

Dans les îles de la mer Egée, à Mégare, à Thaumacés et dans les diverses cités d'Ionie, on a trouvé des listes de proxénie (4).

---

(1) PHARSALE : *Griechische reliefs* (SCHÖNE), n° 784.
(2) *C. I. G.* THAUMACÉS, n° 2065.

L'assemblée générale de la confédération des Cyclades arrête, que chacune des villes alliées inscrira le nom des proxènes de la fédération dans le temple, là où elles ont l'habitude de la faire : προς ταίσ προξεν οίς, à côté, à la suite des autres proxènes (1).

A la suite de la fusion de deux états voisins, ceux de Téos et de Lèbedos, le roi Antigone, après avis du peuple, décide que les hôtes publics de ces deux états seront dorénavant inscrits sur la même liste : ἔις το κάτ αλοπον ἐμγραφεῖν.

Dans les îles voisines de Délos, à Paros, à Ios, on gravait le nom du nouvel élu à la suite des proxènes existants... avec les proxènes déjà inscrits : μέτά τῶν υπαρχοντών προξένον.

De nombreux fragments de listes de proxènes découverts à Théra, à Delphes, à Anaphe (2), joints à ceux déjà possédés, ont permis aux épigraphistes (3) de répartir en trois catégories ces listes de proxènes. L'ordre adopté et l'intention qui a présidé à la confection de la liste ont guidé les auteurs dans leur classement. C'est aussi que l'on relève *un ordre chronologique* :

---

(1) Ross. *Inscription grecque*, nᵒ 94.

(2) Haussoulier, *Inscr. de Delphes* de 1893-1900, nᵒ 121-124. — *Société Arch. de Saint-Pétersbourg*, mémoire sur les fouilles de Delphes et de Théra, 1895.

(3) Ranghabé : *L'usage des Catalogues en Grèce* (ant. grec. 1889), p. 238 et suiv.

toutes les nominations afférant à un laps de temps déterminé, sont relatées sur le même marbre. Tel est la grande liste de Delphes, contenant avec l'indication des dates et des villes, les proxènes d'Apollon Pythien nommés entre les années 197 et 170 (1). Sauf certaines omissions, l'ordre des temps y est régulièrement adopté et suivi.

Tantôt on a préféré *L'ordre Géographique.*

Le nom des proxènes est enregistré par pays et par villes. Tel est le catalogue des représentants de la ville de Klitor en Arcadie. Cette liste daterait du IIIᵉ siècle, elle est mentionnée par la revue allemande : *Les découvertes d'Athènes (2).*

Enfin, on a trouvé un *ordre mixte de classement.*

On classait à la fois, d'après l'ordre de nomination et d'après l'ordre géographique : d'un côté, le nom du proxène avec la date de nomination, de l'autre le nom de la cité qu'il représentait.

Cet ordre fut adopté par les petites cités de l'Elide et en particulier par la ville de Narthakion en Phitiotide qui avait l'habitude de dresser sur un catalogue spécial le nom de ses citoyens représentant dans leur patrie les villes étrangères.

---

(1) Wescher et Foucart, *Inscr. de Delphes,* nᵒ 30885.

(2) *Mith des deutch Institut in athenen,* 1887, t. I., p. 157. — Tissot : *Proxénie grecq.,* ch. IV., *Des tables de Proxénie.* — *Bul. de Cor. Hel.* t. VI, p. 580 ; reproduction in-extenso de la liste.

En présence de ces rédactions différentes, on voit que ces listes de proxènes répondaient à des intentions variées. Etablies dans un ordre géogaphique, ces listes renseignaient les citoyens qui partaient pour l'étranger, marins, marchands ou ambassadeurs, sur les noms et qualités des représentants de leur patrie en pays lointain.

Ces listes chronologiques d'hôtes publics étaient utilisées de préférence par les magistrats. Rapidement, ils constataient la situation des étrangers privilégiés et étaient à même de réfreiner les usurpations.

Quand aux listes analogues à celles de la ville de Narthakion, elles étaient destinées aux étrangers qui arrivaient dans une cité; elles leur permettaient de s'adresser à leur proxène, à leur protecteur élu.

Ces trois systèmes de listes furent tour à tour employés dans l'ancienne Grèce, ils furent le prototype de ce que l'on a appelé : Le tableau officiel des agents étrangers dans une cité ou un état déterminé.

Ces listes étaient placées dans les temples. Il est dit (1) : Son nom (celui du proxène), sera inscrit par le secrétaire du peuple, sur la liste déjà existant dans le temple... »

---

(1) *Corp. Inscr. Gr.* — *Décrets Athéniens*, n⁰ 2031.

Les découvertes archéologiques (1) confirment bien les données des textes. Dans les fouilles pratiquées dans les temples, on a retrouvé beaucoup de ces listes, elles en tapissaient les murs. Dans la suite, on prit l'habitude de les placer dans tous les endroits publics : d'où leur dispersion, qui coïncida avec leur grand nombre.

SECTION II

Des Garants de la Proxénie

Les décrets de proxénie, dans leur partie finale, contenaient cette mention : προξενος ουκ ιδιωτοῦ οντος suivent plusieurs noms. Dans la traduction, εμμοι signifie garants.

Selon Bœckh, (2) les ἐγγυηται étaient des répondants de la cité devant le proxène ; répondants ayant fonctions peu déterminée et aucune responsabilité.

Pour d'autres auteurs (3), les εγγυοί étaient les répondants du proxène devant la cité. Tout candidat à la proxénie, ayant des motifs de crainte sur l'issue de son

---

(1) E. Amélineau *Fouilles d'Abidos* (années 1896-1898). — *Revue des Ecoles françaises d'Athènes et de Rome* : 1899, t. 3, p. 113 et suiv.

(2) Bœck (H.), *De Proxenia Atheniensium*, ch. III. *Commentatio Græcorum*, p. 65.

(3) Meieri (Ed.) : *Gneschichte des Alterthuns*, ch. 2, p. 42.

élection, peu confiant en ses mérites personnels, présentait à la cité des répondants. Ces derniers attestaient ses mérites, rappelaient ses services.

D'après Ch. Tissot (1), ces garants étaient simplement les parrains du proxène. Ils ne fournissaient aucune responsabilité, ils assistaient le candidat devant le peuple.

Une dernière explication est fournie par Monceaux (2) :

« Les εγγυοι sont des garants de la proxénie. Ils répon-
« dent du proxène devant la cité et des engagements
« de la cité vis à vis du proxène. »

Les garants d'après cette dernière explication, répondraient à la fois du proxène vis à vis de le cité et de la cité vis à vis du proxène.

L'orateur qui avait proposé le décret de nomination pouvait être blâmé publiquement, condamné à une amende si le choix du proxène était jugé mauvais. Démosthène put se laisser entraîner parfois à soutenir d'étranges candidats. Tous ses ennemis et rivaux le lui reprochent, surtout, Eschine. — « Combien de gens il a fait proxènes et citoyens ! » s'écrie Dinarque (3) ; et il en cite, en effet, beaucoup. On ré-

---

(1) TISSOT (Ch.), *Des Proxénies*, ch. VI, p. 71.
(2) MONCEAUX : *Des Proxènes,* 3e partie, ch. V, *Des Garants.*
(3) DINARQUE contre DÉMOSTHÈNE. 36-43.

pétaient même tout haut que Démosthène n'avait pas toujours été désintéressé. Hypéride (1) l'accuse formellement : « Rien qu'avec ses décrets et ses proxénies, « Démosthène a gagné plus de soixante talents, sans compter l'argent reçu du roi des Perses et d'Alexandre. »

On possède des fragments de l'acte d'accusation, acte par lequel, Hyperide intenta à Démade une accusation pour avoir fait accorder la proxénie à Eutycrate qui livra Olynte à Philippe.

Tous les orateurs du temps se rejettent l'un l'autre ce reproche. Les intérêts d'Athènes ont pu parfois égarer la conscience de Démosthène. C'est possible. Mais, entre les mains du grand homme d'état, la proxénie devint un instrument d'habile politique. Mieux valait conférer parfois un titre glorieux à des indignes pour se les attacher, que de le refuser à tous (2).

Cette garantie se comprend aisément si l'on admet que la proxénie est un contrat politique et religieux intervenu entre un état et un citoyen d'une ville étrangère, et que d'autre part, il faut savoir que dans l'ancienne Grèce, pour toute convention, il était d'usage de fournir des garants.

---

(1) HYPÉRIDE, *Le Bas*, IV. p. 14.

(2) MALLY, Les honneurs et la politique athénienne au temps de Démosthène. *Revue des études grecques*, année 1889 t. II. p. 111 et suiv.

A Athènes, tout étranger accusé devait produire des garants devant le tribunal du polemarque (1) :

Cette institution des garants eut un certain épanouissement dans la Grèce centrale, chez les Eoliens, chez les Maliens (2), chez les Œnianes, en particulier à Hypata, leur capitale (3).

Ces garants sont mentionnés à la fin des décrets. Ils sont toujours au nombre de deux dans les villes de Phocide et chez les Maliens, à Thaumacès, à Laïma, il n'y en a qu'un seul. D'après la loi, chez les Œnianes, cinq magistrats en charge étaient constitués comme garants.

----

(1) J. THONISSEN, Droit pénal de la république athénienne. ch. IV. p. 112.
(2) *Bul. de Cor. Hel.* tome v, n° 372.
(3) W. LE BAS. Œnianes. Hypata. n° 1115.

DEUXIÈME PARTIE
Fonctions des Proxènes.
Honneurs décernés.

CHAPITRE PREMIER
Fonctions des Proxènes

Le Proxène et sa ville natale

L'hôte public d'une ville étrangère restait, en droit, dans sa patrie, un simple particulier. En fait, il en était autrement. Citoyen de deux républiques, appartenant à l'une par la naissance, à l'autre par les liens de l'hospitalité, le proxène, par sa situation même, était un personnage considérable ayant une ville puissante dans sa clientèle, et en mains, ses intérêts. Il était hôte public de l'état qu'il représentait et en principe protecteur de tous les citoyens de cet état.

La cité à laquelle appartenait le proxène n'intervenait en aucune façon dans le pacte qui l'engageait vis

⁶

à vis de l'autre état. Elle le reconnaissait tacitement
en en permettant la libre et entière exécution.

C'est ainsi que la ville natale permettait à l'hôte public de lui présenter officiellement les ambassadeurs
de la cité étrangère, de présenter également aux juges
de la cité les συνδικοι ou avocats que la cité étrangère
envoyait pour défendre ses intérêts. Les ambassadeurs
étrangers voulaient-ils offrir un sacrifice, le proxène
les présentait aux dieux et aux prêtres. Si une fête
survenait, l'hôte public procurait à ses envoyés des
places dans les cérémonies et aux théâtres (1); il les assistait en toute circonstance et était en toute chose l'intermédiaire entre sa patrie et la ville étrangère.

La ville natale reconnaissait souvent implicitement
le caractère officiel dont était revêtu un de ses citoyens.
Dans des circonstances difficiles, elle le chargeait, de
préférence à tout autre, de plaider sa cause vis à vis
de la ville rivale, et dans les cas de guerre, de négocier
la paix. Les proxènes furent choisis par leur patrie
comme agents naturels de pacification. C'est ainsi
que, sollicité par sa patrie, Cimon, d'Athènes, proxène
de Sparte, obtint pendant une guerre qui désolait l'Attique, une trève de cinq mois (2).

Un autre Athénien, Callias, proxène de Sparte, est

____

(1) Eustache : *Iliade*, ch. IV. p. 207.
(1) Plutarque (Cimon. 15).

envoyé trois fois par ses concitoyens à Sparte pour négocier la paix (1).

Les Platéens (2) choisissent un des leurs : Leucon, proxène de Sparte, pour fléchir le courroux de la vieille république. Polydame, de Pharsale, est chargé en la même qualité, par ses concitoyens, de solliciter contre Jason l'appui des Lacédémoniens (3).

Ces exemples rapides de médiation montrent que la cité natale reconnaissait à l'hôte public, dans sa propre patrie, un caractère officiel. Ne la voit-on pas faire proclamer dans les fêtes publiques et religieuses, dans ses théâtres : « Un tel, habitant notre ville a été « nommé proxène, tels et tels honneurs lui ont été décernés. »

Ainsi dans leur patrie respective, les hôtes publics étaient des citoyens importants. Ils le comprenaient si bien, que l'un d'eux, Gallias, proxène d'Héraclée à Athènes, voulant en imposer à ses détracteurs leur dit:

Souvenez-vous que, proxène, je ne suis pas un simple particulier : πρόξενος οὐκ ἰδίωτου ὤντος.

---

(1) CALLIAS, c. I. *Att.* II., n° 249.
(2) THUCYDIDE, liv. III, p. 52.
(3) XENOPHON : *Hist. gr.*, liv. VI, ch. Ier.

SECTION II.

Le Proxène et la ville qu'il représente

Athènes et les hôtes publics des villes étrangères

Un grand nombre de villes avaient à Athènes des hôtes publics avec mission de veiller à leurs divers intérêts. A son tour, dans ces diverses cités, Athènes nommait des représentants.

La Grèce, on le sait, était dans l'ancien temps une agglomération de cités ayant la plupart une constitution spéciale. Il serait curieux de mentionner les divers représentants d'Athènes dans les principales cités étrangères.

Dans notre examen spécial des rapports du proxène et de la ville qu'il représente, afin d'obtenir plus de précision, il nous a paru utile de voir à l'œuvre un hôte public d'une cité étrangère.

A l'aide des faits et des documents historiques, nous allons voir de qu'elle façon d'illustres citoyens d'Athènes : Gallias, Xénophon, Alcibiade, etc., s'acquittaient de leurs fonctions multiples, en représentant dans leur cité respective, à Athènes, les intérêts de la ville étrangère, ceux de Sparte, de Thèbes ou d'un grand sanctuaire comme celui de Délos.

C'étaient d'importants personnages et des citoyens

distingués par leur mérite ou leur position dans l'état, que les Athéniens nommés hôtes publics par les villes étrangères.

Ils aimaient à faire sonner haut leur titre. Les plus célèbres et les plus puissants des proxènes étrangers à Athènes étaient les représentants de Sparte. C'étaient de grands orateurs qui dirigeaient l'état. L'éclat de leur luxe, leur train de maison, la magnificence de leur hospitalité, laissèrent dans l'esprit des Grecs des souvenirs ineffaçables. Bien des siècles après, les historiens en étaient émerveillés.

Les Lacédémoniens ne furent pas médiocrement habiles, en choisissant pour leurs hôtes publics, pendans un siècle et demi, des personnages très distingués, comme : Alcibiade, les Pisistratides, Cimon, Xénophon, Gallias, etc.

Egalement, Thèbes eut parmi ses proxènes les hommes d'état les plus célèbres d'Athènes : Conon, Démosthène, Eschine, etc.

Connaissant à présent le haut rang des proxènes de certaines grandes cités, nous allons montrer l'hôte public de la ville étrangère dans les divers rapports avec la politique et la législation d'Athènes.

Vis à vis de la ville qu'il représente, le proxène avait des fonctions précises et le devoir général de rendre en toute circonstance, tous les services qu'il pourrait.

Ces fonctions nous les examinerons au point de vue civil, commercial, religieux.

Le rôle diplomatique, fonction si importante des hôtes publics, fera l'objet d'une troisième section.

Article Premier : *Fonctions Civiles.*

Le proxène est à la fois hôte et prostate des envoyés officiels. Il est en principe le protecteur de tous les citoyens de la ville dont il est représentant.

Les historiens et les commentateurs, indiquent les fonctions civiles qui incombent au proxène. La plus importante est la fonction d'hôte.

Tous les citoyens sans distinction avaient droit à l'hospitalité du proxène. Pollux, nous dit que le devoir strict de l'hospitalité consiste en cette obligation : « Le proxène doit pourvoir à ce que les envoyés de la ville étrangère trouvent un abri. »

On ne devait, en principe à ses hôtes, que le toit et le feu (1). Mais, on s'en tenait rarement à cette stricte obligation.

Dans les grandes cités commerçantes, l'hospitalité prenait une extension dont nos habitudes modernes ne peuvent donner une idée.

Ouvrir sa maison au plus grand nombre possible

______

(1) Plutarque : *ad stoïcos*, 20.

d'étrangers (1). Les combler de dons et d'attentions délicates, était la façon la plus ordinaire d'afficher sa richesse aux yeux de tous.

Lorsqu'on fait construire une maison, Aristote dans sa morale à Nicomaque, conseille de tenir compte des hôtes, d'avoir des appartements réservés pour eux.

Platon (2) nous montre Callias, riche athénien, proxène de Sparte, cédant à ses hôtes plusieurs de ses maisons situées dans les plus beaux quartiers d'Athènes.

Gellias, hôte public d'Agrigente, non loin du Pirée avait des palais destinés à recevoir ses hôtes. L'historien Polyclite (3) dit qu'il a vu dans les caves de cet illustre Athénien, trois cents réservoirs taillés dans le roc, contenant chacun cent amphores. Le même Gellias, hospitalisa durant plusieurs jours cinq cents cavaliers de la ville de Géla. Il les reçut tous et leur donna des manteaux et des tuniques tirées de ses magasins.

Malgré la cherté des terrains et des loyers à Athènes, les proxènes accordaient à tous les citoyens de la cité qu'ils représentaient une généreuse hospitalité. L'étranger ne recevait pas seulement le toit et le

---

(1) PLATON : *Œconomie*, liv. II, ch. 5.

(2) LALLOUX : *L'Architecture grecque*, ch. II, p. 36.

(3) DIODORE DE SICILE : XIII, 83.

feu, son proxène l'invitait à dîner le jour de son arrivée, et les jours suivants lui envoyait des mets recherchés.

Comme autres fonctions civiles, le proxène devait solliciter une audience et présenter aux magistrats et à l'assemblée du peuple les hôtes qui avaient une demande à leur adresser. Il devait, lors de la célébration des fêtes, leur procurer des places aux théâtres. Ses hôtes voulaient-ils faire un testament, le proxène leur servait de témoin (1) ; avaient-ils besoin d'argent, il se portait caution pour eux. Dans le cas de décès, le proxène veillait sur l'héritage et exécutait les dispositions du testateur.

Un plaidoyer de Démosthène contre Callippe nous **renseigne** sur ces fonctions civiles.

Un nommé « Lycon, d'Héraclée » blessé dans un combat contre les pirates meurt à Argos. Callippe, proxène Athénien des Héracléotes se rend chez Phormion, banquier de Lycon, et le somme de lui communiquer les livres de compte du défunt. Je le fais, dit Callippe, car je suis obligé de défendre dans ma cité les intérêts de tous les habitants d'Héraclée.

---

(1) CAILLEMER : *Les Antiquités juridiques d'Athènes*, tome II. — *Le droit de tester* : p. 42, t. III ; *Le Crédit public*, ch. I.

Ce plaidoyer (1) que nous avons résumé montre bien l'importance des fonctions de Callippe. Proxène, il avait le privilège et le devoir d'intervenir dans tous les actes de la vie civile des Héracléotes de passage à Athènes.

En échange de tous ces services civils, la cité étrangère accordait à l'hôte public le droit de se présenter seul et sans patron devant les tribunaux et les assemblées politiques du pays étranger. Le proxène, s'il avait un procès, avait également dans la ville étrangère le droit de faire inscrire ses affaires avant tout autre ; on lui accordait le droit de cité (2) ; il pouvait posséder des terres... louer des maisons et était exempt de certains impôts... etc...

Ces privilèges importants, nous les mentionnerons dans un chapitre ultérieur.

ARTICLE 2 : *Fonctions commerciales.*

Une vie commerciale très intense régnait dans les différentes cités de l'Attique. Les hôtes publics des villes de la côte étaient surtout des agents commerciaux. Tel fut le caractère des proxènes Athéniens en Thrace, en Phénicie et dans l'Euxin.

Un Athénien, représentant de Samos est nommé

---

(1) DÉMOSTHÈNE, *C. Calippe*, plaid. 60.
(2) LÉCRIVAIN : *Isotélia.* — DAREMBERG et SAGLIO : *Antiq. grecq.*

dans un décret : « le prostate de ceux qui naviguent pour le commerce. »

Dans les relations commerciales, le proxène va intervenir. Aux temps de leur indépendance, les Grecs avaient des ports très fréquentés. Le Pirée était un centre important de transactions. Aussi, des Athéniens illustres étaient-ils les patrons des commerçants, gens les plus remuants et les plus voyageurs.

Les proxènes recevaient en dépôt l'argent de leurs hôtes, faisaient pour eux l'office de courtier en facilitant la vente des marchandises les renseignaient sur les cours du marché (1), se portaient garants de leurs emprunts, surveillaient leurs dépôts dans les diverses banques d'Athènes, etc... faisaient le change des monnaies...

Egalement, l'hôte public assistait les marchands devant les tribunaux et défendaient avec ardeur leurs divers intérêts. Leur impartialité devait être parfois suspectée, car il nous est dit dans un traité de commerce conclu très anciennement entre deux petites villes de Locride : « Le proxène qui manquera de « loyauté dans ses fonctions commerciales, se verra « infligé une amende (2). »

En effet, les proxènes prenaient si bien à cœur les

---

(1) Moll (H. J.) *Le commerce à Athènes.* ch. III, p. 71 et suiv,
(2) Röhl : *C. I. Gr.*, n° 312,

intérêts de la cité qu'ils représentaient qu'ils servaient souvent les notions d'impartialité. Cimon, Alcibiade, Xénophon, hôtes publics de Sparte, osaient, à la tribune du Pnyx, défendre les intérêts et vanter les institutions de Lacédémone.

En échange de ces divers services, les cités accordaient à leurs hôtes publics des avantages commerciaux considérables : nous les indiquons rapidement.

Le proxène avait le droit d'importer et d'exporter toute espèce de marchandises par terre et par mer.

Ces mêmes marchandises jouissaient de l'Atelia (1):

C'est la franchise en temps de paix et de guerre pour toute importation ou exportation par terre ou par mer, faites par l'hôte public et sa famille.

Il avait « l'asulia » ou garantie contre les saisies. Personne, en aucun temps n'était autorisé à saisir sous aucun prétexte l'équipage et la cargaison du proxène. L'hôte public avait également le privilège d'entrer dans le port et d'y séjourner en tout temps.

Ces privilèges commerciaux, sur lesquels nous reviendrons, variaient avec la constitution des villes. Pour les obtenir, les proxènes protégèrent dans leurs cités les marchands de la ville étrangère et favorisèrent ainsi le développement des relations commerciales.

---

(1) Lécrivain (Cl.) : *Des Ant. Gr.*, Daremberg et Saglio,

ARTICLE 3 : *Fonctions religieuses* .

Dans les sociétés antiques, la religion se mélait à tous les actes de la vie. L'hôte d'un particulier était l'étranger qui, ayant reçu l'hospitalité avait le droit de s'asseoir près du foyer commun, à côté des membres de la famille. L'hôte public d'une cité était admis au culte public de la ville étrangère, il était assimilé aux citoyens.

L'Apollon de Délos et celui de Delphes, le Zeus, d'Olympie, avaient leurs représentants à Athènes et dans les principales cités helléniques, les temples célèbres avaient leur fête. Les dieux, pendant *les Théoxénies* (1), sortaient de leurs sanctuaires, traversaient en grande pompe les rues de la ville et leur statue recevait l'hospitalité chez des particuliers. Les fêtes se terminaient par un grand festin auquel était conviée la foule.

C'était un principe de droit sacré (2), dans l'ancienne Grèce, que les dieux de la cité, comme la cité elle-même, n'appartenaient qu'aux citoyens.

« Il n'est permis à aucun étranger d'y sacrifier, » dit Hérodote à propos de l'Hercœon d'Argos.

---

(1) RANGHABÉ : *Les Théoxènies : La proxénie religieuse :* Cf. DAREM-BER et SAGLIÔ, *Revue des Etudes grecques*, 1880, p. 119 et suiv.

(2) *Les Institutions religieuses en Grèce :* CAILLEMER (E.) *Cf. Revue grecque*, 1898, t. II. p. 49 et suiv,

Mais, pour la religion comme pour les relations civiles et commerciales, c'est par l'ingénieux procédé de la προστασία que les Grecs tournaient les prescriptions sacrées.

Un étranger pouvait sacrifier aux dieux, à la condition de leur être présenté par un citoyen qui remplissait pour eux les cérémonies préliminaires.

A Athènes (1), il était inscrit dans les divers temples : « Si un étranger veut offrir un sacrifice à Apollon, les cérémonies préliminaires seront accomplies par les citoyens choisis par l'étranger. »

Egalement, à Delphes (2), l'intervention du proxène était nécessaire. Dans un règlement du temple il est dit : « Il ne sera permis à aucun étranger d'accomplir « les cérémonies préliminaires dans l'Herœon. Le « néocore y veillera et fera respecter le règlement. « Cette décision sera affichée devant les portes du tem- « ple par les soins des néocores. »

Ainsi donc, une ville, un étranger, voulaient-ils sacrifier officiellement aux dieux, le proxène de par ses fonctions le présentait aux dieux de la cité. Les hôtes publics étaient devant les dieux comme devant les magistrats, les assemblées publiques et les tribu-

---

(1) *Mith deutsch Institut in Athenen : Les temples et les cérémonies religieuses*, 1875-7, p. 81, p. 62.

(2) *Rev. Arch. d'Athènes*, 1874, p. 136.

naux, les prostates de la ville qu'ils représentaient.

A ces fonctions religieuses étaient également attachés des privilèges spéciaux. Les hôtes publics étaient admis au culte public comme les citoyens. Quant aux étrangers, ils ne pouvaient honorer le dieu du temple qu'à deux conditions : « Par l'intermédiaire d'un citoyen et moyennant un impôt. »

Les proxènes étaient exempts de ces deux obligations ; devant les dieux ils étaient assimilés aux citoyens. Ils sont invités aux repas du Prytanée par les sacrificateurs sacrés. Dans les villes sacerdotales, l'hôte public avait le privilège d'interroger l'oracle avant tous les dévots, devant les tribunaux religieux il avait également le droit de faire inscrire ses affaires avant toutes les autres.

Les représentations dramatiques faisaient partie du culte. Le proxène avait la Proédrie ou Préséance. A Athènes, dans les théâtres (1), les gradins du bas sont formés par une double série de fauteuils de marbre. Ces places de choix étaient réservées aux prêtres de la cité et aux hôtes publics des grands sanctuaires.

Tous ces divers avantages énumérés succintement mettent bien en relief l'intervention des proxènes dans les affaires religieuses de la cité ; comme hôtes publics,

-----

(1) LALLOUX (P.) *Les Théâtres à Athènes et l'Architecture grecque*, II, 116. PRŒDRIE : Gl. LÉCRIVAIN : DAREMBERG et SAGLIO, lettre P. R.

ils étaient devant le droit religieux assimilés aux citoyens. Un texte de Gnosse confirme cette assimilation.
Il est dit : « Il participera à tous les droits sacrés et
humains des citoyens de Gnosse. »

Outre ces principaux devoirs que nous venons de
passer en revue, le proxène était tenu de rendre à la
cité qu'il représentait tous les bons offices qui étaient
en son pouvoir. Il devait la servir de tous ses moyens
et défendre ses intérêts dans les circonstances imprévues. En cas de guerre, l'hôte public devait racheter (1) les combattants tombés au pouvoir de l'ennemi,
rendre les honneurs de la sépulture aux guerriers
morts sur le champ de bataille, avertir la république
des mouvements de l'armée ou de la flotte ennemie, etc.

Ne voit-on pas Nicias, proxène des Syracusains à
Athènes, faire tous ses efforts pour détourner ses concitoyens de déclarer la guerre à la cité qu'il défendait (2).

Une émeute ayant éclaté au Pirée à la fin du V⁰ siècle, un proxène athénien calme et concilie les parties.

Alcibiade, après la bataille d'Epidame (3) traite de

____

(1) La rançon était de trois à cinq mines. Elle variait d'après le rang
du prisonnier. Une convention passée entre Démétrius et les Rhodiens
fixa un prix uniforme : 10 mines pour un homme libre, cinq pour un
esclave. (BŒCKH. *Eco. civ. des Ath.*, p. 37 et suiv.)

(2) EGGER, *Paix de Nicias* ; *Traités publics dans l'ancienne Grèce*,
ch. II, p. 41 et suiv.

(3) THUCYDIDE : III, 70.

son mieux les prisonniers Spartiates et en rachète un grand nombre. Au temps de la guerre du Péloponèse (1), un grand nombre de Corcyréens ayant été faits prisonniers, les hôtes publics de Corcyre à Corinthe, se portèrent garants du paiement de la rançon. Les Corinthiens relachèrent les prisonniers. De même, pendant la guerre sacrée contre les Phocidiens, les proxènes des Béotiens à Ténédos recueillirent des cotisations destinées aux frais de la guerre et au rachat des prisonniers (2).

Il rentrait donc assurément parmi les bons offices à rendre à la cité dont on était l'hôte public, de racheter ses prisonniers, de les bien traiter et de les renvoyer dans leur patrie. C'étaient là des motifs bien efficaces pour obtenir la proxénie. Hypéride ne dit-il pas d'Euthycrate : « Il est indigne de la proxénie, il n'a racheté aucun des vôtres, captifs de Chéronée (3). »

---

(1) *Arch. Zeitung*, 1887, p. 365 et suiv.

(2) CAILLEMER : *La Guerre sacrée chez les Grecs*, voir DAREMBERG et SAGLIO, au mot Hieronomia.

(3) HYPÉRIDE, Cte EUTHYCRATE, XX-84.

SECTION III

Rôle diplomatique des Proxènes

Les traités et la médiation des Proxènes.

Les conventions internationales tiennent une petite place dans l'histoire de la Grèce primitive. Les différents peuples grecs sans être en état de guerre ouverte se livrent perpétuellement au brigandage et à la piraterie. Ces actes ne passent, ni pour illégitimes, ni pour déshonorants. Les représailles qu'ils provoquent s'étendent à tous les concitoyens de l'agresseur.

En dehors de son pays, l'individu n'a aucun droit. Sa personne et ses biens ne jouissent d'aucune protection légale.

Les rapports internationaux dans une telle société ont du être très rudimentaires. Néanmoins, sous l'influence de la religion se sont établies quelques habitudes, quelques règles qui constituent une sorte de droit des gens primitifs.

A l'époque homérique, nous l'avons vu, l'étranger, protégé par Zeus Zénios, jouit déjà de l'hospitalité publique.

Il y a dans l'Odyssée (1), des relations d'amitié entre peuples. Un sentiment de justice règne dans

______

(1) *Odyssée* : L. 3, v. 71. — L. 9, v. 252.

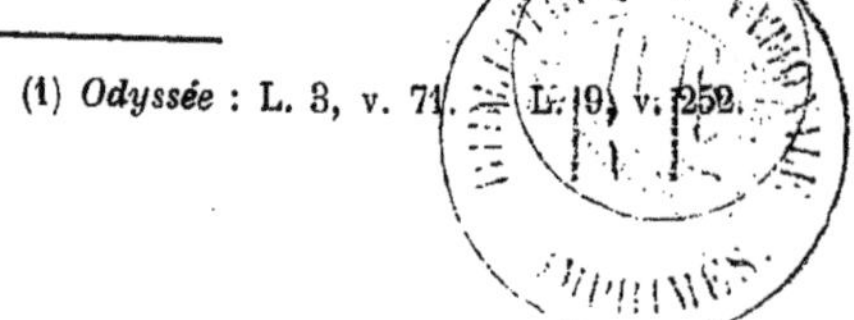

7

l'Iliade. Hector reconnait la légitimité des réclamations des Grecs (1). Les deux partis s'accordent des trèves (2) pour l'ensevelissement des morts et pour enlever les blessés.

Agamemnon et Priam, concluent aux nom des deux peuples un traité de paix avec échange de serments, invocation des Dieux, sacrifice et distribution de la chair des victimes aux principaux chefs.

La violation du traité par les Troyens est considérée comme une perfidie. Avant de déclarer la guerre, les députés des Grecs viennent réclamer Hélène ; un héraut troyen apporte des propositions de paix à l'assemblée, des orateurs les discutent... (4)

Ces éléments de droit international se développent en même temps que la civilisation grecque.

A l'époque historique, (4) nous assistons au plein essor de la diplomatie grecque. Les traités revêtent des formes variées. L'esprit grec a employé sur ce terrain une merveilleuse souplessé. Ici encore, comme en toute autre matière, on se servit de l'institution des proxénies : Les hôtes publics furent les intermédiaires

---

(1) *Iliad.* : 22, 113. — *Mith. d. deutch. Ins.* 1887 *(In Iliaden)* p. 173 et suivantes.

(2) *B. de C. H.*, 2, 140. — H. L. 2. v. 240.

(3) Egger : *Les origines des traités de paix*, ch. VI et suiv.

(4) Duruy : *Histoire des Grecs*, t. II, cf. *Epoque historique.* ch. VII.

naturels entre deux états et entre les citoyens de ces deux états.

Les proxènes ont rempli des fonctions internationales importantes. Pour terminer l'étude de leurs fonctions, nous allons mettre en relief le rôle qu'ils ont joué dans l'histoire de la diplomatie grecque. Nous les verrons tour à tour: ambassadeurs, arbitres et négociateurs de traités.

Le caractère et les fonctions ordinaires, des proxènes les désignent naturellement pour intervenir entre les cités en cas de querelle ou de guerre, et dans toutes les circonstances imprévues.

Pendant la guerre du Péloponèse (1), un grand nombre de Corcyréens ayant été faits prisonniers, les proxènes de Corcyre à Corinthe se portèrent garants du paiement de la rançon et les Corinthiens relachèrent les prisonniers.

Au temps de la guerre sacrée contre les Phocidiens (2), les alliés ouvrirent une souscription dans tout le monde grec pour payer les frais ; les proxènes des Béotiens à Ténédos, se chargèrent de recueillir dans l'île les cotisations.

Les proxènes étaient inviolables, ils avaient la paix

---

(1) THUCYDIDE, cf. l. III, 70.

(2) THUCYDIDE. cf. l. II, 479. DE MALLY (J.): *Les guerres sacrées dans l'ancienne Grèce*, ch. II et suiv.

dans la guerre, ils étaient au dessus des querelles des partis et des cités.

A la fin du Ve siècle, un proxène Athénien, Thucydide de Pharsale, calma une émeute qui avait éclaté au Pirée et concilia les partis.

Cléonicos de Naupacte, proxène des Achéens, fut fait prisonnier, comme il était hôte public, dit Polybe, on ne le vendit pas, et bientôt on le relâcha.

On le voit, par ces divers exemples, les hôtes publics qui étaient chargés en temps ordinaire de tous les détails de la vie internationale, étaient mieux que personne, préparés à bien remplir les missions extraordinaires, les ambassades.

ARTICLE PREMIER : *Les ambassades.*

Presque tous les proxènes mentionnés par Thucydide, Xénophon et les orateurs, ont rempli des missions diplomatiques.

C'était l'usage (1) d'envoyer comme ambassadeur dans une ville, le citoyen qui représentait cette ville dans sa patrie.

Quand Athènes voulait traiter avec Sparte à la fin du Ve siècle ou au commencement du VIe, elle lui envoyait ordinairement un membre de la famille des

____

(1) LÉCRIVAIN (Ch.) : *Cf. Article sur les ambassades* (DAREMBERG et SAGLIO).

Hipponicos et des Gallias. Gallias, le héros des dialogues de Platon, fut envoyé à Sparte comme ambassadeur. On l'y envoya souvent, dit Xénophon, parce qu'il était proxène de Sparte (1).

Quand Athènes, dans sa lutte contre Philippe voulut gagner l'alliance de Thèbes, elle nomma ambassadeurs Thrason et Démosthène, tous deux proxènes de Thèbes (2).

Durant la guerre du Péloponèse, Sparte eut souvent des difficultés avec Argos. Afin de bien mener les négociations, le personnage que l'on désigne à plusieurs reprises est Lichas, proxène d'Argos à Sparte. L'usage d'envoyer les proxènes comme ambassadeurs était si bien établi, qu'il pouvait paraître constituer un droit. Alcibiade, dont la famille avait été longtemps en relation d'hospitalité avec les Lacédémoniens, se brouilla avec eux, parce qu'en raison de sa jeunesse et de sa mauvaise réputation, on conclut sans lui la paix dite de Nicias (3).

Les proxènes se considéraient si bien comme les négociateurs naturels des traités, que souvent on les voit, sans mandat officiel, s'interposer de leur propre autorité entre les deux cités. A l'inverse, les écrivains

---

(1) Xénophon : L. VI, v. 3. — L. III. v. 5.
(2) Thucydide : L. V, v. 76.
(3) Thucydide : L. V, v. 43. — L. VI. v. 89.

et les historiens nous ont laissé des traces de nombreux traités conclus officiellement par l'intermédiaire des proxènes.

L'histoire de l'ancienne Grèce est riche en traités de toute sorte : traités de commerce, traités de paix, etc. Ces derniers, les traités de paix, seront de notre part l'objet d'une étude rapide. Ils nous montreront les proxènes dans leur rôle de pacificateurs et d'intermédiaires.

Article II : *Les Traités de paix et les Proxènes*

Les traités de paix dont l'histoire de l'ancienne Grèce est si riche, peuvent se grouper en trois grandes catégories (1) :

ειρηνη : Paix pure et simple.

σπονδαι βαρειαι : Paix onéreuse.

επι τοι ςιτοις και ομοιοις : Traités de paix équitables.

La diplomatie des proxènes ayant dans ces divers traités de paix, joué un rôle important, nous devons passer en revue ces divers traités.

N° 1. — ειρηνη : *Paix pure et simple*

Certains traités établissent une paix pure et simple. Le but des partis est divers : Ces traités créent des relations plus étroites, une alliance, une confédéra-

____

(1) Lécrivain (Ch.) : *Notes sur les traités dans l'ancienne Grèce (Fœdus)* Daremberg et Saglio,

tion, etc... leurs clauses varient à l'infini. Selon la durée de la guerre, le degré d'inimitié des belligérants, selon leurs forces ou leurs visées politiques.

La paix pure et simple peut être conclue pour un temps déterminé. La paix de trente ans de 445 entre Sparte et Athènes, est due aux bons offices de Gallias proxène de Sparte à Athènes (1).

La paix de cinquante ans entre Sparte et Argos en 418 (2) ; La paix de dix ans (3) de 421 entre Sparte et Athènes est due à Lichas, proxène d'Argos à Lacédémone. Thucydide parle souvent de ce Lichas comme un habile homme d'état et fin diplomate.

Egalement, la paix de cent ans, entre les Acarniens (4) et les Ambraciotes est dûe à l'entremise de Phormion et de Karphinos, tous deux proxènes de l'Acarnie. Cimon donna son nom à la paix générale de 371, paix établie entre Sparte et Athènes.

Thrason et Démosthène, grâce à leur diplomatie, gagnèrent l'alliance de Thèbes et conclurent une longue paix ; tous deux étaient hôtes publics de Thèbes.

Cléarque (5), hôte public de Byzance à Lacédémone, par ses relations personnelles avec Byzance, rendit de

---

(1) Xenophon : *Gallias*, l. III, ch. 5.
(2) Röhl : *Inscr. Ant.*, n° 189.
(3) Thucyd. *Lichas*, l. II, ch. 4.
(4) *Mitth des deutch. Institut*, t. II, p. 142.
(5) Cf. Egger : *Les Traites publics chez les Grecs*, ch. II, p. 45 et suiv.

grands services à sa patrie. Après avoir vaincu les Athéniens au Bosphore et dans l'Hellespont, il signa avec eux plusieurs traités de paix.

Parmi les représentants des villes étrangères à Sparte, nous citerons encore Pharax (1), célèbre amiral lacédémonien, commandant sur les côtes d'Asie-Mineure. Il était proxène de Béotie. A ce titre, pendant la guerre de Corinthe (2), les Béotiens envoyèrent des ambassadeurs pour demander la paix. Pharax se présenta au gouvernement de Sparte, plaida la cause des Béotiens et obtint un traité de paix.

Tels sont les traités dits : σπονδαί de paix pure et simple. Nous pourrions citer d'autres exemples de ces traités, ceux que nous avons choisis, aurons mis en relief le rôle des hôtes publics. Aussi passons-nous à la forme intermédiaire des traités de paix.

N° 2. — σποδαι βαρειαί : *Traités onéreux*

Ces traités onéreux étaient des capitulations mettant le vaincu presque corps et bien à la discrétion du vainqueur. Les Grecs ont souvent appliqué ce droit de la guerre dans toute sa rigueur.

------

(1) Cf. EGGER : *Les Traités publics chez les Grecs*, ch. II, p. 45 et suiv.

(1) Ch. LÉCRIVAIN : cf. *Mémoires sur les traités de l'ancienne Grèce*. Cf. *Les capitulations dans l'ancienne Grèce*.

En 404, le traité imposé par Lysandre (1), homme d'état Spartiate à Athènes, nous donne une idée de ces traités onéreux, de ces capitulations qui mettent le vaincu à la merci de leur vainqueur.

Après la capitulation d'Athènes, Lysandre (1) massacra trois mille prisonniers et les laissa sans sépulture ; il chassa de Byzance, de Chalcédoine et d'une série de places les garnisons athéniennes, les renvoyant à Athènes qu'il encombra d'hommes pour épuiser les provisions. Il démolit les Longs-Murs et les fortifications du Pirée au son de la musique. Il rappela les exilés et plaça à la tête des cités ses amis et partisans et demanda la réunion de l'empire Athénien à l'Attique. Comme on peut le remarquer, ces traités onéreux sont en général des capitulations peu favorables aux vaincus : Le rappel des exilés, des modifications de constitution au gré du vainqueur, des impôts de guerre, sont des clauses fréquentes employées dans ces traités. Ici encore, nous trouvons la médiation des proxènes ; ils furent souvent les intermédiaires entre les partis.

Lors de la capitulation de Platée (2), c'est Lacon, proxène de Sparte à Platée qui plaida la cause de ses

---

(2) Nitzsch : *De Lysandro*, Berlin 1847, ch. Ier, p. 13 et suiv. *B. de C. H.*, t. II, p. 2-11.

(1) Thucydide, l. III, 68, 52.

concitoyens devant le conseil des alliés. De même, lors
de la capitulation d'Argos, en Laconie, deux proxènes
défendirent les intérêts des partis et rendirent moins
onéreuses les conditions du traité. Lichas représentait
Argos, l'Argien Alciphoron était agent de Sparte en
Argolide.

N° 3. επι τοις ισοις και ομοιοις : *Traités de paix équitables*(1)

A coté des deux sortes de traités de paix énumérés
dans les deux premiers numéros, nous trouvons une
troisième catégorie de traités de paix : Les traités faits
à des conditions équitables. Les parties s'accordent
toutes deux des concessions réciproques, elles gardent
ou reprennent leur autonomie ; elles échangent les
prisonniers, etc. Les clauses de ces traités équitables
varient à l'infini.

Dans cette catégorie de traités équitables rentrent :
les traités de 338 par lesquels Philippe de Macédoine
rendit l'autonomie et leur liberté à diverses cités
grecques.

La paix de Nicias due au général athénien de ce
nom, peut être classée parmi les traités équitables.
Après avoir enlevé l'île de Cythère aux Spartiates,
Nicias, proxène de Sparte, par ses relations d'amitiés

---

(2) Cf. Ch. Lécrivain (déjà cité). Cf. Egger : *Tr. publics dans l'ancienne Grèce*, ch. III, p. 50 et suiv.

et son habileté diplomatique, pacifia le Péloponèse et obtint une trève de cinquante ans.

Doxandre (1), proxène de Thèbes à Corinthe, fut le négociateur de la paix de 366, paix conclue entre ces deux villes. Les deux cités accordaient réciproquement à leurs nationaux certains privilèges commerciaux, et le droit de posséder des biens dans leurs territoires respectifs.

Ncus pourrions citer encore les traités de paix équitables entre Sparte et Cypre, dus à l'entremise du proxène Héraclyde (2). Les deux villes renouvellent leurs liens d'amitiés qui les unissaient anciennement et s'engagent mutuellement à épargner leurs nationaux en cas de conflit avec un autre état.

Ces traités équitables à concessions réciproques ont été en honneur dans l'ancienne Grèce. Ils nous montrent, comme le dit Egger (3) le caractère fin et diplomatique du Grec qui accorde un privilège, une faveur, mais qui en réclame de suite la contre-partie.

De cette étude des traités de paix, il ressort que le droit de traiter dans l'ancienne Grèce n'appartient qu'aux villes autonomes. Il est exercé par les pouvoirs publics. Les généraux ont eu souvent les pouvoirs né-

---

(1) *Arch. Zeitung*, 1871, p. 170.
(2) *C. I. A.*, t. 1, n° 64.
(3) Egger : *Tr. publics*, ch. II et suiv., p. 17-21, 23.

cessaires pour conclure les traités de paix, mais leurs actes devaient être confirmés par l'assemblée du peuple (1). Parfois, les généraux n'ont que des pouvoirs limités et renvoient les négociations à leur ville. La ville traite par l'intermédiaire de députés, πρεσβευς, πρεσβευται qui sont élus en nombre variable par le peuple, sur la proposition du sénat.

Ces députés étaient pris parmi les citoyens déjà âgés (2). A Athènes, à Chalcis, à Méthone, il fallait avoir cinquante ans. C'étaient des magistrats ou des sénateurs, et très souvent les hôtes de la ville étrangère qui étaient chargés de conclure les traités entre les deux cités.

Les hôtes publics furent les intermédiaires qualifiés pour les missions diplomatiques ; ils furent également choisis comme arbitres dans les querelles qui divisaient les cités de l'Attique. C'est de leur rôle d'arbitre que nous allons parler ci-après.

---

(1) *C. I. Gr.*, t. I, p. 212 — t. II, p. 197 et suiv.
(2) Cf. Héraclide de Pont, ch. II, p. 40.

ARTICLE III : *Les Proxènes dans leur rôle d'arbitres*

Les villes grecques ont pratiqué l'arbitrage sous différentes formes depuis la plus haute antiquité (arbitrage d'Erythrée, de Samos et de Paros entre Chalcis et Andros vers 650 av. J.-C.) (1) jusques sous la domination romaine, soit entre elles, soit entre citoyens d'un même état, pour des contestations de tout genre, soit de droit public, soit de droit privé. Dans cette matière si importante, nous trouvons des exemples de médiation des proxènes (2).

Souvent, les hôtes publics furent choisis comme arbitres dans les affaires publiques de deux états différents, ou bien encore dans les affaires publiques et privées d'une même ville. A l'aide des textes nous pouvons fournir des exemples de ces divers arbitrages et montrer le rôle des hôtes publics.

Nº 1 : *Arbitrage pour des affaires publiques*
entre Etats différents

Leurs états choisissent eux-mêmes leurs arbitres. Des villes se voient confier le mandat d'arbitre, soit pour un cas particulier, mode le plus fréquent, soit à l'avance, pour une certaine période de temps. C'est

---

(1) PLUTARQUE : *Quest. grecq.* nº 30 et suiv.

(2) A. SONNE : *De arbitris externis quos Græci habueront adilites et intestinas et peregrinas.* GÖTTINGEN, 1838.

ainsi qu'en 417, les Lacédémoniens et les Argiens(1) ; en 421, les Lacédémoniens et les Athéniens s'engagent dans un traité formel, celui de 421, à soumettre leurs différents à une troisième ville choisie comme arbitre.

En dehors d'un traité, d'autres villes furent appelées à statuer à titre d'arbitres : Arbitrage de Sparte entre Athènes et Mégare au sujet de Salamine (2). Arbitrage d'Athènes entre Rhodes et Démétrius en 304 (3). Arbitrage de Rhodes, Délos et Paros entre Ilion et des villes voisines. Arbitrage de Smyrne entre Milet et Samos, en 312.

D'autres exemples d'arbitrages rendus par des villes nous sont mentionnés dans les textes. Pour nous, aussi intéressants sont les arbitrages dus à la diplomatie des proxènes.

Les hôtes publics par leur situation officielle d'intermédiaires entre deux états, se virent attribuer le rôle important d'arbitres. Sonne, nous donne une énumération de ces proxènes, qui, par leurs sentences arbitrales pacifièrent les conflits de l'ancienne Grèce. Peryandre, hôte public de Mitylène à Athènes, est nommé arbitre par ces deux villes.

---

(1) Thucydide : l. V, 59. — *C. I. Gr.* n° 3490.

(2) *Salamine :* Plutarque, l. X, 3. — *C. I. Gr.* n° 2352.

(3) Plutarque : *Demétrius,* l. XXII, 4-5. — *C. I. Gr.* n° 181 et suiv.

Thémistocle (1) est nommé arbitre par Corcyre et Corinthe, Appius Claudius, entre Gnosses et Gortyne (2).

Les villes, les individus rendaient des sentences arbitrales dans les affaires publiques de deux Etats.

Les affaires portées devant les arbitres sont très variées : Une convention monétaire entre Mytilène et Phocée, du IVe siècle nomme des arbitres pour juger des falsificateurs de monnaies (2)...

Des arbitres (3) sont appellés à se prononcer sur la violation d'une convention, intervenue entre Chalcis et Erétrie sur l'emploi, en temps de guerre, de certains projectiles !

Des contestations de territoires, leurs partages ou leurs délimitations ; des différents soulevés à propos d'emprunts (4) etc... nous fournissent de nombreux exemples d'arbitrages rendus par des proxènes.

Egalement, dans une même ville, pour des affaires privées ou publiques, on fit appel au bon vouloir de proxènes, on leur confia le rôle d'arbitre.

---

(1) THÉMISTOCLE : *Plutarque,* n^0 24.
(2) CAUER : *Corpus delectus,* n° 427.
(3) STRABON, p. 448.
(4) COLLITZ : *Question grecque (mémoire)* 1891, p. 28 et suiv.

N° 2. — *Arbilrages pour des affairee privées*
ou publiques d'une même ville.

Nombreux sont les cas où une ville demande l'intervention d'un ou plusieurs arbitres étrangers, soit pour mettre fin à la guerre civile, soit pour juger des procès privés.

Le lacédémonien Charmidas (1), hôte public des villes crétoises intervient comme arbitre dans les discordes de ces villes, et protège les étrangers contre le mouvement insurrectionnel.

Démonax de Mantinée, hôte public de Cyrène (2), à cause de ses nombreux arbitrages est appelé par ses concitoyens : κἀτᾰρτισπηρ, conciliateur.

Après le massacre de Pythagoriciens (3), vers 420, les proxènes Achéens intervinrent comme arbitres dans les discussions intestines de la grande Grèce.

Les hôtes publics d'Erythrée à Mithylène, à Ténédos; les proxènes Mégariens en Béotie, à Smyrne, etc, intervinrent souvent dans les affaires publiques et privées de ces diverses villes (4). Conon, proxène d'Erythrée, Appollonidés, hôte de Mithylène, réconcilièrent les partis ennemis, et par leurs sentences arbi-

---

(1) EGGER : *Traités publics dans l'ancienne Grèce*, cf. *Traités d'arbitrages*, ch. IV, p. 68.

(2) RÔHL. *C. I. Ath.* 158 et suiv.

(3)-4 Cf. SONNE : *De arbitrio apud græcos.*

trales mirent fin aux discordes et aux guerres civiles qui ravageaient les cités de l'ancienne Grèce.

Tel est le rôle, que, choisis comme arbitre jouèrent des villes ou des hôtes publics.

Ce mandat d'arbitre est un grand honneur, refusé rarement, il était souvent sollicité. En sont investis, les villes ou les états qui appartiennent à une race différente qui avait une réputation de sagesse, comme Athènes et Sparte ; ou d'honnêteté, comme les Achéens, l'amphictyonie de Delphes. Certaines villes, paraissent avoir été choisies comme arbitres plus souvent que d'autres. Les textes nous apprennent, que Paros, Mégare, Rhodes, Sicyone, Samos, ont été appelées a rendre des sentences arbitrales. Hérodote (1). A surnommé ces villes arbitres : η εκκλητος πολις.

Quand aux simples particuliers, pris comme arbitres, nous avons vu, qu'un très grand nombre remplissaient les fonctions d'hôtes publics d'une ville étrangère ; c'étaient d'illustres et de riches citoyens.

A ces arbitres, διατητης (arb. simple citoyen) de grands honneurs étaient décernés. Ils reçoivent une couronne d'or, un éloge public, avec les titres de σώτηρ, βοῆθοσ, εὐεργετῆς.

---

(1) HÉRODOTE, 5-95 : πολις η εκκλητος.
(2) *Le Bas Waddington (Voyage archéologique)* l. III, p. 420.

Le décret qui mentionne ces honneurs est exposé en public, copie en est remise aux titulaires.

Nous connaissons à présent le rôle des proxènes. Nous avons vu qu'ils furent appelés, comme arbitres, à trancher de nombreux différents, élevés entre villes, Etats ou individus. Ces arbitres ont généralement pleins pouvoirs : ils peuvent concilier, rendre une sentence arbitrale ; juger ou bien d'après les lois du pays, ou comme l'indiquent les inscriptions, d'après un διαγραμμα sorte d'édit indiquant les principes généraux qu'ils se proposent de suivre.

Les arbitres sont en nombre variable, un, deux, cinq, six, et plus. Ils prononcent à la majorité des voix au bout d'un délai fixé à l'avance. Ce délai peut-être de six mois, d'un an, ou de 394 jours.

Le jugement était rendu, les parties s'engagent à le respecter, elles déposent parfois une caution, et menacent d'une amende toute violation de l'accord (1).

On remet souvent une copie de l'arbitrage dans un sanctuaire, tel que celui de Délos, ou d'Olympie, pour le faire mieux respecter.

Finalement, l'exécution des jugements dépend de la bonne volonté des parties. Nous avons plusieurs exemples d'infractions à l'accord ; après une première

---

(1) DITTENBERG *Inscr. Att.*, n° 240.

sentence, de nouveaux arbitrages ont été rendus néces-
saires.

Les arbitres, malgré le serment d'impartialité qu'ils
ont prêté, ne devaient pas être à l'abri de tout reproche.

Démosthène (1), ne dit-il pas, à un proxène, après
d'autres critiques... « Après Mantinée, tu étais arbitre,
malgré ton serment, tu n'a pas été à l'abri de la cor-
ruption ! ».

Malgré de nombreux abus, l'arbitrage fut souvent
« appliqué dans les relations de l'ancienne Grèce, il fut
« à ces époques troublées, un facteur de paix et de ré-
conciliation. »

----

(1) Démosthène contre Hypéride, 7, *B. de C. H.*, 10, n° 235.

CHAPITRE II

Honneurs et Privilèges accordés
aux Proxènes

La cité étrangère pouvait être fière de ses hôtes
publics et se montrer pleine de reconnaissance à leur
égard. Les proxènes, avons nous vu, remplissaient de
nombreuses fonctions, mais, ils s'en acquittaient avec
zèle et avec un réel dévouement. Certains préfèrant
l'exil et la confiscation de leurs biens, plutôt que de
manquer à leur devoir.

Cimon, le riche Athénien, hôte public de Sparte,
éveilla les susceptibilités de sa patrie, en exhaltant, en
toute occasions la ville rivale. Quand il adressait un
reproche au peuple Athénien, Cimon ne manquait pas
d'ajouter (1) : « Ah ! Athéniens, Les Lacédémoniens,
dont je chéris les exemples, ne sont pas comme vous ».
Il appela un de ses fils : « Λακεδαιμονιος, l'autre Ηλιος,
fidèle. On le surnomma Φιλολακῶν ou Spartiate.

Lors du tremblement de terre qui détruisit Sparte,
le même Cimon décida les Athéniens à secourir leurs

-----

(1) PLUTARQUE : *Cimon*, ch. XVI, p. 3.

rivaux. Sparte accepta les secours avec hauteur et dépit. Athènes, en voulut beaucoup à Cimon de son conseil malencontreux, non content de le surnommer Φιλολάκων on l'exila à jamais.

Xénophon, fut lui aussi proxène de Sparte. Comme Cimon, il indisposa contre lui les Athéniens en exprimant sans cesse son admiration pour Lacédémone.

Ce fut la cause de son bannissement. Coupable de laconisme, Xénophon fut exilé. En qualité d'hôte public, il servit à Coronée (1) dans les rangs des citoyens de Sparte.

Alcibiade, trop dévoué aux intérêts de Sparte, fut exilé et son immense fortune confisquée. Obligé de quitter la flotte Athénienne, il se réfugia à Lacédémone, et revendiqua devant le sénat son titre et ses privilèges de proxène.

Vers le même temps, Sparte avait encore pour proxène à Athènes. Gallias, beau frère d'Alcibiade et beau-fils de Périclès (2). Cet hôte public, tenait une des premières places dans l'Etat. Vaniteux, blasé, Gallias aimait à s'entourer de sophistes et de flatteurs. Il lui fallait un cortège de flatteurs et de convives qui fissent honneur à sa maison, à sa table et à ses bons mots. Hôte public de Sparte, tous les citoyens de cette

---

(1) Xénophon, l. IV, p. 182.
(2) Aristote, l. III, ch. II, p. 10.

cité de passage à Athènes avaient le droit d'être reçus dans ses palais. Sa propre habitation ne pouvant plus contenir le flot toujours croissant d'étrangers, Gallias avait fait construire à leur usage des palais spacieux. Gallias, lui, ne fut point banni ; mais son vif dévouement pour Sparte, qui se traduisit en une généreuse hospitalité, lui fit dissiper une immense fortune et le réduisit à la misère.

La ville étrangère, avions nous raison de le dire, pouvait être reconnaissante à l'égard de ses hôtes publics : Partout, et en tout, elle était exhaltée.

Animés d'un admirable dévouement pour Sparte, d'illustres et riches citoyens d'Athènes : Xénophon, Alcibiade, Cimon, Gallias et d'autres, se dévouent aux intérêts de la cité rivale, aux mépris de l'exil et de la confiscation de leurs biens.

En échange de leur attachement et de leur zèle à remplir des charges aussi nombreuses, les républiques grecques accordaient à leurs hôtes des honneurs et d'importants privilèges.

Enumérer les honneurs et les privilèges inhérents à la proxénie est chose difficile. Ses avantages ne sont désignés dans les décrets que par des termes généraux.

Les termes mêmes employés dans les inscriptions $\tau\iota\mu\iota\alpha$, $\phi\iota\lambda\alpha\nu\theta\rho\omega\pi\sigma\varsigma$ (respect, reconnaissance) prouvent

____

(1) Röhl : *C. I. Att.*, n° 2352-6-8.

qu'il s'agit d'honneur et de protection. Ces privilèges indiqués, de nombreux décrets, ajoutent que l'hôte public jouira également des avantages divers accordés à tous les proxènes et à tous les bienfaiteurs publics.

Dès lors, nous basant sur l'exposé de divers décrets, nous avons pu diviser en trois groupes les honneurs accordés aux proxènes : Privilèges honorifiques et religieux ; financiers et commerciaux ; politiques et judiciaires.

SECTION PREMIÈRE

Privilèges honorifiques et religieux

N° 1. — ευεργετης της πολέος, του ιερου, *bienfaiteur de la ville, du temple.*

Le titre de bienfaiteur servait à récompenser les services rendus à un temple ou à une cité. Il émanait d'un acte de l'autorité publique. Il existe un grand nombre de décrets δ'ευεργεσια de reconnaissance. Les titres de Chypre, d'Athènes mentionnent souvent ce privilège. A Athènes, il était d'usage de dresser des « stèles d'Evergésie » : Telle, la stèle Athénienne de Ménélas.

Le titre de bienfaiteur, est, dans les inscriptions, souvent associé au titre de proxène. Ces deux titres pouvaient être dissociés, on accordait parfois l'un sans l'autre.

Stertinus Xénophon (1) médecin de l'empereur Claude était simplement ευεργετης de l'île de Céos.

Ménélas (2), dont on possède la stèle d'évergésie n'était que ευεργετης de la tribu des Pélagons.

A l'inverse, en Phocide (3) à Corcyre, à Delphes, le titre de bienfaiteur fut concédé très rarement, alors que ces villes nommaient de nombreux hôtes publics.

A Athènes (4), en Laconie, dans les cités Ioniennes, les deux titres sont presque toujours joints : La proxénie est accordée à des personnes ayant déjà l'évergésie.

L'omission de ce titre, ou sa présence dans les décrets, s'explique par les différences de temps ou par le caprice des assemblées. Ce qui est certain, c'est que les droits des bienfaiteurs étaient fixés par la constitution de chaque ville.

En Béotie, (5) à titre de bienfaiteur, un personnage est investi de la préséance dans les jeux et les fêtes religieuses. A Tralles (6), à Ephèses, on donnait aux bienfaiteurs une indemnité : En souvenir de ses bienfaits, il recevra la somme fixée par la loi...

----

(1) CESNOLA : *Ins. de Céos*, n° 16.

(2) *C. I. A.*, *Athénaioi*, I-II, n° 55.

(3) *Bul. de Cor. Hel.*, I-V, n° 442.

(4) GRONOVIUS, *Inscriptiones Græcarum : Laconie* n° 1859. *Ionie* n° 1717.

(5) *C. I. A.* — *Titre. de Béotie* II. N° 1625.

(6) TRALLES : *Bul. de Cor. Hel.* III, 467. *Titre d'Ephèses*, *B. de C. H.* IV, 87.

En Thessalie (1), en Phocide, la condition des Ever-
gètes était également déterminée par la constitution.
Souvent on trouve cette mention : Comme aux autres
bienfaiteurs, le peuple lui accorde la προεδρια ou
préséance.

Dans d'autres cités, les bienfaiteurs étaient assimilés
aux proxènes. A Athènes, à Corcyre, les textes (2),
citent joints ensemble, les titres de proxène et de
bienfaiteur ; aux uns et aux autres étaient accordés les
mêmes privilèges. De nombreux proxènes étrangers
reçurent le titre de bienfaiteurs Néanmoins, ces deux
titres de proxène et de bienfaiteur qui s'allient ensemble dans les décrets, appartiennent à deux institutions
différentes.

Le titre de bienfaiteur était une simple distinction accordée à ceux qui ont rendu à la ville ou au temple
un service important. On ne leur décernait pas la
proxénie, elle était la récompense de nouveaux bienfaits. Par cette gradation, était stimulé le zèle de ceux
qui briguaient les honneurs.

La proxénie, nous l'avons vu, était à la fois un honneur et une fonction. Les privilèges inhérents à ces deux
institutions ont pu être les mêmes, les deux titres de

----

(1) *Mitth des deutsch Institut.* An. 1881, t. I, p. 304.
(2) *Arch. Zeitung,* an. 1876, t. II, p. 183.

proxène et de bienfaiteur ont été souvent associés. Tels, les documents Athéniens, qui mentionnent à côté du titre de proxène, celui de bienfaiteur. Les historiens et les orateurs appellent πρόξενοί les mêmes personnages.

Malgré cette association de titres, l'évergésie et la proxénie sont des institutions d'essence différente (1). L'une, n'est qu'une décoration, l'autre, est une fonction qui confère à son titulaire, à la fois des honneurs et divers privilèges.

Cette différence, nous la voyons s'accentuer aux temps de la conquête romaine. A la suite, de leurs défaites successives, les sociétés grecques sont profondément modifiées, leur vie politique se ralentit. Dès lors, la proxénie, institution très prospère à l'époque de l'indépendance des cités grecques, tombe en décadence, et s'efface progressivement devant le patronat romain. L'évergésie, au contraire, institution purement honorifique lui survécut, et prit même sous la domination étrangère un développement plus étendu que jamais.

N° 2. — ἔπαινος *Eloge.*

Après avoir accordé le titre de bienfaiteur, les décrets mentionnent la louange publique. Athènes accor-

---

(1) PETIT de JULLEVILLE : *La Grèce sous la domination romaine,* ch. IV, p. 118 et suiv.

dait à ses proxènes l'éloge public, en considération des services que l'hôte avait rendus ou de la bienveillance dont il avait fait preuve vis-à-vis de la Cité.

Cette disposition, insérée dans les décrets de proxénie était généralement ainsi conçue :

« Le sénat et le peuple ont décrété (1) :

« Un tel sera loué pour sa bienveillance envers le peuple : ἐπαίνέσαί τον δεῖνα οτί πρόθυμος ἦν τῳ δημῳ.

« A cause de ses vertus et de ses nobles sentiments (2) : αρετᾶς ἔνεκα και φιλοτίμὰς.

« A cause du zèle dont il n'a cessé de donner des preuves au temple et à la cité (3) : επι τῆ αίρεσεί ἤ ἑκων διατελεί περί του ιερου καί ταν πολίν.

Plus brièvement : « Il sera loué par le peuple : επηνησθαί αὐτὸν υπό τουδημου.

Nᵒ 3. — Στέφανος. *Couronne.*

La couronne était accordée également aux proxènes. Les couronnes accordées par le peuple étaient proclamées pendant les grandes fêtes nationales, aux Panathénées, aux Dionysiaques.

---

(1) *C. I. G. A.*, nᵒ 90.
(2) *C. I. G. A*, t. II, nᵒ 3330.
(3) *Inscript. Atticae :* GRONOVIUS, nᵒ 2268.
(4) *C. I. Gr.*, nᵒ 2675.

Le décret qui accordait cet honneur ne mentionnait pas si la couronne était d'or ou de feuillage θαλλου στεφανου χρυσῷ στεφάνῳ, si elle valait jusqu'à mille drachmes αποκιλίων δραχμων. Il ne réglait pas ces détails. Il y avait tout un règlement sur la confection, la distribution et la proclamation des couronnes (1). Le décret disait : Il aura une couronne telle que la prescrit la loi : στεφάνῳ κατα τον νομον. Les textes (2) mentionnent des allusions faites à la loi :

« Les chorèges, chaque année, au moment des « chœurs d'enfants, feront proclamer au théâtre par « le héraut sacré, que le peuple de Minoa d'Amorgos « donne à… proxène et bienfaiteur, la couronne d'or « sacrée, d'après la loi. »

Un décret d'Iasos (3) fixe, d'après la loi, le poids des couronnes à cinq mines.

Un titre d'Amorgos (4) fixe le poids à cent drachmes.

<h3 style="text-align:center">N° 4. — Αναχηρυξίς.</h3>

Le don de la couronne et l'énumération des divers honneurs accordés au proxène, étaient proclamés par la voix du héraut du temple. Cette proclamation solen-

---

(1) EGGER : *Les Couronnes et leur distribution (mémoire)*, p. 21 et suiv.

(2) *C. I. G. Ant.*, p. 380 et suiv.

(3) *T. de Iasos*, RÔHL, n° 115, 123 et suiv.

(4) *Titre de Ténos, d'Amorgos*, n° 1052, 1693.

nelle avait lieu dans les temples des dieux à l'occasion des grandes fêtes, en présence de nombreux étrangers et du peuple assemblé.

Dans certaines contrées, à Syros, Téos et dans toutes les Cyclades, on proclamait tous les ans les divers honneurs accordés aux proxènes et aux bienfaiteurs publics (1).

N° 5. — *L'Invitation au banquet des Prytanes*
εν πρυτανείῳ

Les décrets mentionnent très souvent : Le sénat et le peuple le recevront au Prytanée εν πρυτανείῳ ... Comme les autres bienfaiteurs, l'hôte public sera reçu par les Prytanes.

Il était une antique coutume du peuple athénien qui voulait que tout acte ayant pour objet de conférer la proxénie ou tout autre récompense à un hôte public, soit suivi d'une invitation officielle au repas du Prytanée. Les proxènes, après leur nomination, étaient invités au moins une fois à la table des Prytanes. Ils se montraient fiers du grand honneur qui leur était accordé. Dans son *de oratione* (2), Ciceron, proxène de Syracuse ne nous dit-il pas : « *Victus in Prytaneo, qui honos apud Graecos maximum habeatur.* »

---

(1) Syros, *C. I. A.*, n° 2347.
(2) Q. Ciceron de O., ch. 54, p. 232.

N° 6. — προεδρία. *Préséance.*

On sait que les jeux, les réprésentations scéniques, tenaient dans la vie de l'ancienne Grèce, une place importante. Il n'est donc point étonnant que les textes mentionnent très souvent : La προεδρία ou préséance. Un des privilèges les plus fréquemment accordés aux hôtes publics était la προεδρία εν τοίς άγῶσί πᾶσί droit d'assister à une place d'honneur à tous les jeux et à toutes les représentations donnés par la cité.

Les divers titres d'Athènes, de Delphes, de Mégare, de Paros etc. rappellent de nombreuses fois l'obtention de cette préséance dans les jeux.

N° 7. — προδίκία *La Prodoquie.*

Des textes d'Armorgos, d'Ios, de Céos (1) relatent la προδίκία privilège précieux qui assurait au proxène qui en était investi, le droit de faire inscrire sa cause en tête du rôle et de plaider ses affaires à l'ouverture de l'audience.

N° 8. — προμαντέια

Comme les jeux, les oracles attiraient dans leurs villes de nombreux étrangers. Des droits et des intérêts variés étaient souvent en lutte. Aussi, pour récom-

---

(1) προδίκία *Titres de Céos, d'Ios, d'Amorgos.* C. I. Gr. n° 412-4-419.

penser le zèle de leurs proxènes, Delphes et les autres villes qui possèdent des oracles, accordaient à leurs hôtes la προμαντεία.

Ce privilège leur donnait le droit de consulter la Pythie avant tout autre suppliant. Il y avait des règlements, qui établissaient l'ordre dans lequel les suppliants devenaient interroger l'oracle. Le proxène, de par ce privilège était dispensé de ces formalités : προμαντεία ἐστί το πρῳτόν απαντῶν χρησταί τῳ εν Δελφοις μαντείῳ. A Delphes (1), il consultera avant tous les autres... αλλῳ απαντων...

N° 9 — *Autres privilèges honorifiques et religieux*

Dans les villes sacerdotales, les proxènes étaient admis directement, sans protate, aux cultes publics et aux divers sacrifices. Ils étaient assimilés aux citoyens devant les dieux de la cité.

« On invitera les hôtes, dit un décret de la confédé-
« ration des Cyclades (2), à toutes les fêtes et à tous
« les sacrifices, célébrés en l'honneur des dieux, pour
« le salut et la prospérité des Iles. »

Egalement, comme les citoyens, les hôtes publics, ne payaient pas les taxes des étrangers, taxes obligatoires s'ils voulaient sacrifier... Ils recevaient aussi,

---

(1) προμᾶντεια. *C. I. A. Gronovius T. de Delphes*, n° 64. -
(2) *Bul. de Cor. Hel.* VI, n° 249, 269.

une part des victimes. A Mitylène : « Toutes les fois que la ville de Mitylène fera un sacrifice, une part sera offerte à Thersippos (1).

Nº 10. Οἵ ἐπ' εκφορᾶν ἀκολουτές ῳν.

Comme les grands bienfaiteurs, les proxènes étaient enterrés aux frais de l'Etat. Les décrets dans leur partie finale indiquent ce privilège (2) : « Il sera nourri au prytanée, tant qu'il vivra, quand il sera passé de vie à trépas, on lui élèvera un tombeau aux frais de l'Etat. »

Deux de ces tombeaux de proxènes, élevés aux frais d'une ville, sont conservés et attestent ce privilège.

L'un, découvert à Athènes, est celui que la ville de Sélymbrie éleva à Pythagoras (3).

L'autre, existe encore à Corfou, il a été élevé à Ménécrates, hôte public de Corcyre (4).

Ils portent la mention : κάτα αρέτῆν καὶ πρόξένιαν.

Ils ont été élevés tel, à cause de leur vertu et de leur proxénie.

Ces divers points que nous avons passés successivement en revue, nous montrent que devant le droit religieux, les proxènes jouissent d'importants privilèges.

---

(1) Le Bas Foucart, *T. de Mitylène*, nº 12.

(2) Newton : *Décrets de Gnide*, t. II, nº 766 (année 1863).

(3) Waescher-Foucart : *Inscr. Gr. Antiquissimæ, Titre de Sélymbrie* nº 472.

(4) *Arch. Zeitung.*, an. 1886, t. I, p. 173.

Ils sont assimilés aux citoyens. Une formule Crétoise, exprime bien l'importance de cette intervention dans le culte de la cité : προξένὸς ὀντῶν, à titre de proxène, il participera à tous les droits sacrés et humains des citoyens de Gnosse (1).

SECTION II.

Privilèges financiers et commerciaux

Nº 1. *Le* Μέτοικῖον. *Son exemption.*

Les Métèques (2), dont le nom vient de Μέτοικῖον, étaient ceux qui remplissaient trois conditions : avoir fixé définitivement son domicile dans une ville, y être depuis un temps déterminé et contribuer à certaines charges publiques.

Toutes les charges ordinaires des citoyens pesaient sur les Métèques ; ces derniers étaient en plus soumis à la ξενιχα, taxe spéciale imposée à tous les étrangers qui voulaient vendre sur l'Agora d'Athènes.

Les Métèques étaient en outre assujettis à un impôt spécial, le μετοιχιον. Ce que dans notre législation on appelle une capitation.

Le taux (3) en était uniformément fixé à douze drach-

---

(1) *B. de C. H. titre de Gnosse*, t. **IV**. nº 254.
(2) επινομια : Cf. *Suidas*, ch. **VI**. *Heschy.*, ch. II :
(3) Schœman : *de Metœcis atticis*, p. 186.

mes par an pour les hommes, et à six pour les femmes, seulement pour les femmes qui n'avaient ni mari, ni fils majeur.

L'impôt du μετοιχιον est bien l'indice qui distingue les métèques des citoyens.

L'impôt personnel était à Athènes chose inconnûe pour les citoyens dont les biens étaient imposés sans considérer le possesseur.

Les proxènes, à titre de privilège, étaient exempts du μετοιχιον. Pour les autres impôts, ils avaient la faculté de se faire inscrire dans la classe des citoyens.

Un habitant de Chypre, proxène à Athènes, est autorisé à payer l'εἰσφορά, impôt extraordinaire sur le capital payé par les citoyens et destiné à subvenir aux frais de guerre.

Les Métèques occupèrent une place considérable dans l'histoire de la Grèce ; nombreux furent ceux qui obtinrent la proxénie.

Parmi les médecins et les savants : Evénor et Phidias ; l'architecte du Pirée : Hippodamos de Milet ; l'astronome Phacinos, etc... ont été des métèques et furent investis de la proxénie et de ses privilèges. Démosthène (1) nous parle souvent d'un certain « Lampis » originaire d'Egine. Ce métèque était un des plus riches armateurs de la Grèce ; pour ses services,

____

(1) Démosthène XXII, 54.

Athènes lui accorda la proxénie et l'exempta formellement du μετοιχιον.

<h2 style="text-align:center">N° 2. ἀτέλεῖα.</h2>

Ce privilège, consiste en l'exemption accordée à une
personne, de certains impôts, de certaines charges
périodiques ou extraordinaires, auxquels, d'après le
droit commun, cette personne aurait été soumise (1).

L'exemption était accordée comme récompense,
tantôt à tous les sujets d'une nation, tantôt à de
simples particuliers. L'Atélie était donnée particulièrement aux hôtes publics, fréquemment, les textes
mentionnent se privilège.

L'Atélie était le plus souvent exclusivement attachée
à la personne du gratifié, rarement elle était héréditaire.

C'est un privilège qui ne se rapporte pas pour le
proxène à sa qualité d'étranger, comme le précédent
privilège dont nous venons de parler. L'Atélie place
son possesseur dans une condition plus avantageuse
que celle des citoyens, elle l'exempte de certaines
charges, dont ces derniers devaient s'acquitter.

Dés lors, on comprend aisément que ce privilège
eût été rarement accordé, on ne pouvait soulager les
météques qu'au détriment des citoyens.

---

(1) ἀτέλεια : Cf. Ch. LÉCRIVAIN (DAREMBERG et SAGLIO).

Bien peu d'hôtes publics obtinrent l'Atélie générale.

Démosthène nous le dit (1) : « Autre chose est d'être proxène, autre chose d'obtenir l'immunité. »

Un décret du peuple devait l'accorder expressément.

L'Atélie était générale ou particulière.

α) ἀτέλεια ἀπάντῶν (2)

L'Atélie générale comprenait l'exemption :

1) Des divers droits de douanes..

2) Des charges périodiques : Instruction. Direction et entretien des chœurs de chant et de danse qui figuraient aux fêtes religieuses etc..

3). Du μέτοικιον.

4) De l'obligation de prendre part à certains sacrifices et de payer la taxe imposée à quiconque voulait sacrifier... c'est l'ἀτέλεῖα ἱερῶν.

Les Athéniens ne prodiguèrent pas ce privilège. Néanmoins, ils se départirent de leur habitude, en accordant l'atélie générale à Héraclyde de Byzance et à plusieurs citoyens de Thasos, bannis pour avoir favorisé les projets de Thrasybule.

---

(1) DÉMOSTHÈNE contre LEPTINE, 7-17, t. I.
(2) ἀτέλεῖα ἀπάντῶν : BŒCKH : *Rev. pol. des Ath.* I, n° 37.

b) Ατέλεῖα τινι (1).

L'exemption, restreinte, était accordée pour certains droits d'exportation et d'importation, soit par terre, soit par mer, en temps de paix et en temps de guerre : ἐν πολὲμῳ καὶ ἐν εἰράνᾳ.

A Athènes, un droit de douane de 5 0/0 πεντηκοστη. frappait uniformement toutes les marchandises.

N° 3. Εγτήσῖς γῆς καὶ οἰκιάς.

Sous cette dénomination générale, les Grecs désignaient le droit de posséder des terres et des maisons dans le territoire d'une ville ou d'un dème, autres que ceux auxquels appartenait le possesseur (2).

Le droit athénien frappait les étrangers de l'incapacité générale. Ils n'étaient rien dans l'Attique, ils ne pouvaient posséder aucun immeuble, ni aucun fonds de terre. Les étrangers ne pouvaient obtenir par eux-mêmes la réalisation de leurs droits ; ils avaient besoin d'un protecteur, d'un πρόξενος.

Le sol d'un état ne devait régulièrement appartenir qu'aux membres de cet état. L'incapacité de posséder, formellement consacrée à Athènes, n'était que le droit commun des étrangers dans les républiques grecques.

----

(1) Ατέλεῖα τινι. E. CAILLEMER : *Droits de douanes à Athènes,* ch. VII ; cf. *Les institutions jurid. d'Athènes.*

(2) Εγτήσις. Cf. SAGLIO : *Ant. Gr.,* t. II.

C'est pour cette raison, dit Bœckh (1), lorsqu'un étranger recevait la qualité de citoyen, le droit de posséder des immeubles lui était accordé dans l'acte dressé à cette occasion.

Egalement les décrets de proxénie mentionnent cette faveur. L'hôte a le droit de posséder des immeubles et des fonds de terre dans toute l'Attique.

Le plus souvent, le droit d'acquérir était donné sans limites. Dans un décret en faveur d'un certain Apolla, on voit que la γῆς ἐχγτήσις sera restreinte à des fonds dont la valeur ne dépassera pas deux talents.

L'εγτησις était une récompense très appréciée des hôtes publics. Les loyers à Athènes étaient fort élevés. Au temps de Démosthène (2), un propriétaire tirait 12 % de la location de ses immeubles.

Ce privilège important figure presque toujours en tête de tous les autres privilèges immédiatement après la proxénie (3). Très souvent, les textes le mentionnent.

Les inscriptions de Phocide, de Thrace, de Corcyre, des îles de la mer Egée, en fournissent des exemples.

Un décret des Byzantins, (4) conservé sous sa forme originale dans le discours de Démosthène pour la Cou-

---

(1) Bœckh : *C. I. A.*, n° 90-8.
(2) E. Caillemer : *Le contrat de louage à Athènes*, ch. II.
(3) *C. I. Gr.* n° 1335-1565-1724.
(4) Démosthène : *Pro corona*, p. 91.

ronne, l'accorde en bloc à tous les Athéniens, pour les récompenser des services rendus à Byzance et à Périnthe, dans la guerre que ces villes ont soutenue contre la Macédoine.

Xénophon, rappelle dans ses œuvres, des décrets consacrant des traités d'alliance conclus entre deux cités qui accordaient réciproquement à leurs ressortissants ce même privilège.

Nº 4. Επινομια.

L'επινομια était le droit de pâture sur les terrains communaux. Les documents épigraphiques nous font connaître l'existence de ce privilège dans la plupart des pays d'élevage de la Grèce : en Mégaride, à Œgosthènes, en Béotie, à Orchomène, en Phocide, en Arcadie...

Seuls, les citoyens de ces diverses villes avaient le droit de mener leurs troupeaux sur les terrains communaux. Les étrangers avaient cette faculté, moyennant le paiement de l'εννομιον, redevance annuelle.

La ville affermait cet impôt à un entrepreneur (νομωνης) qui recevait les demandes et enregistrait les déclarations en spécifiant le nombre des bêtes appartenant à chaque propriétaire. Une liste du bétail admis sur les terrains communaux était dressée par ses soins.

Une mention spéciale, insérée dans le corps du décret, dispensait l'hôte public de cette taxe sur les troupeaux.

Le Phocidien Eubule d'Elatée, en reconnaissance de ses services et d'un prêt important, avait obtenu de la ville d'Orchomène, en même temps que la proxénie, le privilège de l'επινομια. Dans l'acte (1) qui nous est parvenu, ce privilège lui est accordé pour quatre ans : « ειμεν ποτιδεδομενον χρονον Ευδυλον επινομας Fετια πετρα ».

Ce décret interdit formellement aux fermiers de réclamer à Eubule l'impôt des pâturages. Dans le cas où on l'inquièterait à ce sujet, la cité lui garantit une indemnité annuelle de quatre mines d'argent.

Le même contrat, spécifie en même temps qu'Eubule ne pourra envoyer sur les communaux plus de deux cent vingt bœufs ou chevaux et plus de dix mille moutons ou chèvres. »

Un document d'Oegosthènes (2), et d'autres actes conservés, nous montrent que ce droit de pâturage n'était naturellement accordé qu'à des gens voisins.

Oegosthènes, par exemple, accorde l'épinomie aux

----

(1) επινομια. *C. 1. Gr.*, n° 1569. *B. de C. H.* (IX) p. 242, 517. Cf. SCHULLTZ : *Revue des écoles françaises d'Athènes*, année 1889, t. II, p. 221. *Le droit de pâture dans l'ancienne Grèce.*

(2) OEGOSTHÈNES *Le Bas-Foucart*, n° 12.

hôtes publics de Mégare ; Thaumaces (1) à des citoyens d'Héraclée, les villes de Laconie (2) à des hôtes
publics de Sparte.

Ce droit de pâturage, spécifié dans les décrets, était
pour les proxènes, le complément naturel du droit
de propriété et de l'exemption des taxes spéciales.

Corcyre donne à Archagoras de Delphes, une maison dans le quartier d'Héra, six phléthres (3) de terrain non planté dans celui du Comique, quatre phlé-
tres de vignes dans la campagne.

A l'exemple de Corcyre, d'autres villes grecques
accordaiént à leurs proxènes maints avantages consistant en argent, maison, terre, vigne etc.

SECTION III

Privilèges judiciaires et politiques

———

Le peuple athénien accordait à ses proxènes d'importants privilèges judiciaires et politiques.

A l'aide des textes qui en font mention, nous allons
les énumérer.

———

(1) THAUMACES : *titre de Mégare, B. de C. H.* XIV, n° 241.

(2) Titre de LACONIE : *C. I. A. Gr.*, 133, 211. *Le B. Foucart*, 228-281.

(3) *Phlethres* : Mesure agraire équivalant à 9 ares.

a) *Privilèges judiciaires accordés aux Proxènes.*

1° πρόσοδος πρὸς τὴν βουλὴν καὶ τόν δῆμον.

L'hôte public nanti du προσοδος avait le droit, lorsque ses intérêts l'exigeaient. de se présenter seul au Conseil des Cinq-Cents ou devant l'assemblée du peuple, sans avoir auparavant sollicité une audience.

Il venait immédiatement après les sacrifices, avant toute autre personne : πρωτω μετα τα ιερα.

2° Dispensé d'avoir un προστατής, un représentant, le proxène était son propre patron ; il pouvait se présenter seul devant le tribunal.

3° Le proxène avait également le privilège de faire inscrire ses affaires, d'office, en tête du rôle.

Ces privilèges judiciaires étaient fort recherchés à Athènes, où se traitaient tant d'affaires, et où la procédure était longue.

b) *Privilèges politiques accordés aux Proxènes.*

1° ασφαλέια καὶ ασῦλια.

Ce double privilège, consacrait l'inviolabilité du proxène, en temps de guerre comme en temps de paix, sur terre comme sur mer.

Par l'ασφαλέια, la personne de l'hôte public était à l'abri de toute atteinte. L'ασῦλια étendait la protection à ses biens, ils échappaient à toute saisie.

Les titres (1) de Mégare, des Lacédémoniens, des Achéens, des Béotiens, sont très expressifs :

ασφαλεῖα καὶ ασυλία καὶ πολεμον καὶ εἰρῆνῆς καὶ κάτα γῆν καὶ κάτα θαλᾶσσαν

Cette inviolabilité sur terre et sur mer, en temps de paix et en temps de guerre, était une conséquence naturelle de la position du proxène entre deux états souvent en guerre, l'un vis-à-vis de l'autre. Appartenant à l'un de ces états par la naissance, à l'autre par une sorte d'adoption, il n'est pas étonnant qu'on dérogeat en sa faveur aux lois rigoureuses de la guerre.

Au milieu des luttes incessantes qui divisaient les états grecs, ce n'était pas un médiocre privilège pour le proxène, que d'être à l'abri des désastreuses conséquences qu'autorisait le droit des gens (2). Meurtre, pillage, captivité, tourments infligés aux prisonniers, étaient des faits licites et nullement répréhensibles.

Ce privilège, comme l'exprime énergiquement un décret de Ténos (3), accordait au proxène la paix en pleine guerre : εμ' πολήμῳ εἰρήνην.

---

(1) C. I. A., no 2229, p. 315 et suiv.

(2) W. Wachsmuth : *Jus gentium apud graecos ante bellorum cum persis quale obtinuerit,* ch. I et II.

(3) T. Haussoulier : *T. de Ténos,* 223. *B. de H., C.* t. II, p. 119 et suiv·

Le peuple athénien promettait à ses hôtes publics l'ασφαλεια . Il s'engageait à les épargner en cas de guerre avec leur patrie. Il les défendait contre toute attaque. La législation athénienne (1) punissait de la même peine le meurtre commis sur la personne d'un hôte public, que le meurtre commis sur un Athénien.

Il était aussi dangereux de faire tort à un proxène qu'à un citoyen.

Ergoclès (2), général athénien qui commandait une flotte dans l'Hellespont, fut condamné à mort et à la confiscation de ses biens, pour injures graves envers des hôtes publics et des citoyens.

Un proxène d'Athènes, à Carystos, étant tombé entre les mains de Philippe de Macédoine, trois ambassadeurs furent chargés officiellement de le réclamer.

Des fouilles (3) pratiquées dans l'île de Céos, ont révélé des faits plus caractéristiques encore.

Les habitants d'Iulis s'étant révoltés contre Athènes, massacrèrent plusieurs de ses partisans, parmi eux le proxène. Le conseil des Cinq-Cents ne prit même pas le temps d'instruire le procès. Il prononça la peine de mort contre les meurtriers ; une escadre fut chargée de faire exécuter la sentence.

---

(1) J.-J. THONISSEN, cf. ch. IV, p. 75, *La législation pénale à Athènes*.
(2) LYSIAS contre ERGOCLÈS.
(3) *Mith. des deutsch Institut*, t. III, p. 143.

Après avoir rendue inviolable la personne de l'hôte public, les Athéniens étendaient la protection à tous ses biens : c'était le privilège de l'ασυλια.

On peut distinguer (1) en Grèce, deux sortes d'ασυλια : l'une était un privilège attaché à certains temples, l'autre était accordée à certaines personnes, en particulier aux proxènes. Nous n'envisageons, dans notre étude, que ce dernier privilège.

Accordée à un individu, l'ασυλια mettait les biens de la personne à qui on l'avait concédée, à l'abri de toute entreprise hostile de la part des habitants de l'état qui avait accordé ce privilège.

Lors même que la guerre éclatait entre ce pays et la nation à laquelle appartenait l'ασυλος, lors même que des lettres de marque, Sylè, autorisant la course ou des expéditions de partisans, seraient délivrées, l'ασυλος n'avait rien à craindre. Son nom rappelle qu'il était protégé contre les corsaires.

Des exemples vont montrer l'importance de ce privilège. Héraclide de Chypre, proxène athénien, faisant voile vers l'Attique où il portait une cargaison de blé, avait été poursuivi par les gens du Pont qui le pillèrent et lui prirent ses voiles. Les Athéniens envoyèrent aus-

---

(1) H. Jaenisch : *De Asylis Graecae*, ch. II, p. 24.

sitôt une ambassade à Héraclée, demander satis-
faction (1).

Egalement, vers 399, Pythophanès, hôte public
d'Athènes à Carystos, craignait pour son vaisseau. Les
Athéniens le rassurèrent par un décret solennel. Ils
se chargèrent de défendre dans toute la république,
ses biens, ses marchandises et son vaisseau (2).

Le nom, les magistrats, les lois et les armes d'Athènes, assuraient à ses proxènes une efficace protection.

Nous pouvons citer des exemples où l'ἀσυλία fut
concédée, non pas seulement à quelques individus,
mais à un pays tout entier.

La ville de Téos (3) avait obtenu d'un grand nombre
d'autres villes, la déclaration que la cité et le territoire
de l'Elide seraient sacrés et inviolables et que tous les
Teiens auraient à jamais pleine sécurité, tant sur terre
que sur mer. Pendant les Jeux Olympiques, le territoire de l'Elide était sacré et inviolable.

On le voit, le privilège de l'ἀσυλία qui accordait
l'inviolabilité à un individu ou à un pays était un don
précieux. Grâce à lui, le titulaire avait « la paix dans la
guerre ».

---

(1) *Mit. deutsch. Institut*, 1883, p. 211.
(2) *C. I. A. Gr.*, t. II, p. 29.
(3) *B. de C. H.*, nᵒ 2350.

2° πολιτέια.

Le droit de Cité était accordé dans l'ancienne Grèce par maintes villes. Athènes, Byzance, Céos, Sparte etc. gratifiaient du titre de citoyens, ceux de leurs représentants qui s'étaient signalés par leur dévouement.

A Athènes, la πολιτέια était donnée aux hôtes publics ; c'était pour eux une grande récompense, ils étaient citoyens d'Athènes, et considérés comme tels.

Un décret spécial accorde ce privilège.

Les habitants d'une ville gratifiés du droit de cité dans une autre ville, n'en jouissent que s'ils le veulent bien et gardent leur propre nationalité.

Un traité spécial (1), passé en 415 entre Samos et Athènes, contient la clause expresse que les deux villes conserveront chacune leur propre existence, tout en s'accordant réciproquement le droit de cité.

Dans cette forme bilatérale de concession, une formule résume les droits des citoyens des deux villes :

Ils auront le droit de cité et participeront à tous les privilèges qui appartiennent aux autres citoyens (2)...

Cette formule générale, implique la concession du droit de cité dans toute sa plénitude.

A l'inverse, certains Etats décomposaient le droit

____

(1) *C. I. A. Gr.*, *titres de Samos*, 2676, p. 8 et suiv.
(2) *I. Gr. A.*, Cauer, n° 115.

de cité et ne cédaient aux hôtes que certains privilèges.

Un traité, entre Pergame et Temnos accorde l'εκκλησία ou droit d'entrée et de vote dans les assemblées. Les deux cités se cédaient réciproquement ce privilège.

Les différents droits politiques : (εκκλησία-ισοτίμα droit d'arriver aux charges etc..), civils ou religieux, sont résumés par cette expression : μετοχη θειων αν θρωπίνου qui indique la participation à tous les actes de la vie civile et religieuse.

Dans les diverses restrictions apportées au droit de cité, la capacité juridique est indiquée par l'énumération des principaux contrats que le citoyen nouvellement nommé peut conclure.

Une inscription mentionne la règle, que le demandeur va devant le tribunal du défendeur (1).

D'autres décrets accordent : le droit de posséder des terres, des maisons, comme les autres citoyens ; la faculté d'importer et d'exporter des marchandises sans payer aucun droit, ou en tout cas, d'après les tarifs payés par les citoyens... Exemption de certains impôts.

Tels sont les privilèges politiques que l'on accordait aux hôtes publics. Mais, si entière que soit l'assimilation des citoyens des deux villes, il y avait deux com-

---

(1) *C. I. Gr.*, nᵒ 2554.

munautés distinctes, chaque ville avait son existence propre.

SECTION IV

Les villes grecques et les privilèges inhérents à la proxénie.

De l'étude comparée des décrets de proxénie, il résulte qu'aucune ville grecque n'accorda jamais à la fois tous les privilèges et tous les honneurs que nous venons d'énumérer.

Chaque cité paraît avoir disposé en faveur de ces hôtes publics d'une partie plus ou moins considérable de ces récompenses. L'ensemble de ces rémunérations est compris dans cette formule que l'on trouve fréquemment dans les décrets, après l'énumération de quelques privilèges « καί τα αλλᾶ παντα ὥσαπὲρ καί τοίς ἄλλοίς. »

Il jouira de tous les autres honneurs accordés aux autres proxènes et bienfaiteurs (1).

Dans cette distribution de privilèges et d'honneurs, il y eut des abus, mais ces abus mêmes profitaient à la grandeur de l'état. Athènes, nous le verrons, sut par une habile distribution de récompenses, gagner à sa cause les citoyens influents d'une ville rivale. Aux

____

(1) *C. I. A*, nᵒ 2267-2268.

orateurs qui se plaignait qu'on prodiguât la proxénie et les autres honneurs publics, Démosthène (1) les rassurait, en leur disant, que tous ces honneurs, que toutes ces récompenses, étaient « conformes aux mœurs et aux intérêts de l'Etat »..

A Athènes, on trouve une véritable échelle de récompenses publiques accordées aux hôtes publics et aux étrangers.

La proxénie y tient une place fort importante.

Le titre d'hôte public était rarement donné seul ; on y joignait certains privilèges, avec la promesse d'en accorder de plus importants pour tout service rendu. Ainsi, dans de nombreux décrets athéniens, il est dit : « Le sénat et le peuple recevront au Prytanée les bienfaiteurs publics (par conséquent les proxènes). En cas de malheur, il leur sera venu en aide, en proportion de leurs bienfaits ! »

Athènes, on le voit, accordait des privilèges en échange des bienfaits rendus. Ce système, était fort habile. L'étranger qui avait reçu un avantage quelconque, passait sa vie à en mériter un autre. La distribution des honneurs publics fut un des plus puissants agents de la politique athénienne.

Le peuple athénien, n'accordait à ses bienfaiteurs

____

(1) DÉMOSTHÈNE contre LEPTINE, 116.

qu'une partie des privilèges demandés par eux : « qu'ils persévèrent, Athènes, ne sera pas ingrate, on leur votera de nombreux honneurs (1). »

C'est la réponse que les Athéniens firent au roi de Sidon (2), et aux princes du Bosphore (3). (Afin de les attirer à elle, Athènes leur décerna la proxénie et le droit de cité).

« Xénophon (4), dans sa république des Athéniens, « ne dit-il pas : « En accordant des privilèges aux « étrangers, nous avons agi en bons politiques. Le « meilleur moyen de développer le commerce athénien « est de distribuer à propos les récompenses publi- « ques. Il est aussi utile que juste, d'inviter au Pry- « tanée ceux dont on remarque les vaisseaux et les car- « gaisons. Si on les honore, ils reviendront... Ce sont « eux, qui font la fortune et la grandeur d'Athènes. »

Démosthène (5), lui est encore plus explicite : « Plus « il arrive, plus il s'établit ici d'étrangers, plus l'on « remue de l'argent, plus le trésor est riche. Pour « augmenter ainsi les revenus que faut-il? Des décrets, « quelques honneurs et un peu de prévoyance. »

---

(1) *La Proxénie et la politique athénienne, C. I. A.*, II, 137, 414.
(2) *B. de C.*, II, n° 86.
(3) *Décrets athéniens :* (XÉNOPHON), VI, 153.
(4) XÉNOPHON : *Républ. des Athéniens*, VI, 143.
(5) DÉMOSTHÈNE : *Vectigal*, 3, 4 et suiv.

Ces orateurs ont eu un sentiment très vif de la politique et des vrais intérêts d'Athènes. Ils comprirent que c'est à l'affluence des étrangers qu'un état doit sa grandeur et sa prospérité ; aussi donnèrent-ils au peuple athénien l'incessant conseil d'attirer les étrangers; de les protéger efficacement, et de les retenir par d'habiles mesures.

Sparte, avait elle aussi dans les diverses régions grecques de nombreux hôtes publics. Comme Athènes et sans doute à l'imitation d'Athènes, elle fit de la proxénie un moyen d'influence politique.

L'un des plus célèbres parmi les Lacédémoniens qui ont rempli les fonctions d'hôte public d'une ville étrangère, est Lichas (1), fils d'Arcésilas, proxène d'Argos à Lacédémone, diplomate et homme d'état, mentionné souvent par Thucydide.

Un autre proxène d'une ville étrangère est plus connu : c'est Cléarque, le héros de Xénophon dans l'Anabase, hôte public de Byzance à Lacédémone.

On connaît d'autres Lacédémoniens proxènes à l'étranger. A Pharsale (2), Sparte avait comme hôte public : Polydames, premier citoyen de la ville, fort estimé en Théssalie.

---

(1) Lichas : *(Thucydide)*, V, 76.

(2) Polydames : *(Xénophon)*, *Hel.*, VI-I.

A Thèbes (1), Jason, de Phéres, représentait les intérêts de Sparte. Mais, les plus illustres hôtes publics de Lacédémone, étaient les représentants que cette grande cité avait à Athènes. Sparte eut successivement pour représentants les fils de Pisistrate ; la famille de Miltiade et de Cimon ; la famille d'Alcibiade ; la famille de Gallias et des Hipponicos ; enfin Xénophon.

Tous ces personnages sont célèbres par leur dévouement aux intérêts spartiates, presque tous furent exilés comme défenseurs trop ardents des ennemis d'Athènes.

En échange de leurs sacrifices, les proxènes de Sparte recevaient peu de bienfait. On le savait, Sparte était peu généreuse pour ses hôtes.

Hérodote, prétend que de son temps, elle n'avait encore accordé à personne le droit de cité.

Un fragment d'une harangue de Cimon (2) l'athénien nous montre que les Lacédémoniens n'accablaient pas leurs proxènes de faveurs : « Je ne suis pas hôte « public de peuples riches, comme d'autres Athéniens « le sont pour recevoir des honneurs et des cadeaux, « je suis proxéne des Lacédémoniens, j'imite et je « chéris leur simplicité et leur tempérance qui valent « mieux que tous les trésors »,

____

(1) *Inscript. de Thèbes*, W. Foucart, n° 194.
(2) Cimon, 11, 116:

Au siècle suivant, Démosthène parle encore avec dédain de l'avarice spartiate.

Au troisième siècle, on s'était relaché des vieux principes, le gouvernement de Lacédémone accorde à Damion d'Ambracie, le droit de posséder des terres et des maisons à la condition d'habiter à Sparte. A ce droit conditionnel étaient jointes diverses faveurs : L'éloge, une invitation à la table commune et les dons d'hospitalité.

Athènes et la plus part des cités helléniques accordaient à leurs hôtes publics l'inviolabilité, l'ἀσφαλεία. On a vu Athènes protéger ses proxènes dans tout le monde grec, même par la force. Les petits Etats, accordaient aux hôtes publics des privilèges variés et très souvent des dons en nature ; ils leur promettaient toujours leur protection en *ce qui dépendait* d'eux, comme on le lit sur de nombreux marbres de la Grèce du nord (1)

Sparte paraît n'avoir jamais accordé à ses proxènes ce privilège important. Aucune mention de l'ἀσφαλεια n'est faite dans les décrets parvenus jusques à nous. Ce témoignage des inscriptions est confirmé par les commentaires de Thucydide, qui eux aussi ne font aucune allusion au caractère d'inviolabilité qu'aurait eu le proxène.

---

(1) Dodone, 1874, *Inscr. At.*, n° 442.

Sparte et Syracuse sont à notre connaissance les deux seules villes qui n'aient pas garanti l'ἀσφαλεια à leurs hôtes publics. Dans l'histoire des cités doriennes, on est également frappé de cette défiance à l'égard des étrangers et de cette répugnance à agir hors des frontières.

CHAPITRE III

La Proxénie et l'histoire des Cités

de l'ancienne Grèce

Il est dans l'histoire de l'institution de la proxénie, un fait général, aussi frappant qu'exact.

Le commerce, la vie politique, la proxénie, forment les parties inséparables d'un tout merveilleusement uni.

La proxénie a suivi les vicissitudes des cités de l'ancienne Grèce ; elle croit avec leur autonomie, et disparaît après la perte de leur indépendance.

On possède quelques documents de proxénie du sixième et même du septième siècle avant notre ère, mais, de ces marbres et de ces bronzes isolés, nous ne pouvons rien conclure. Les textes ne sont nombreux et significatifs que depuis les guerres médiques jusqu'à la soumission de la Grèce aux Romains : du cinquième à la fin du deuxième siècle.

Dans ce laps de temps de trois siècles, nous pouvons pour l'étude de la proxénie, distinguer deux phases, ainsi circonscrites.

La première phase de l'institution correspond à la pleine autonomie des cités grecques, à la lutte de Sparte et d'Athènes pour l'hégémonie politique et commerciale. Fortes de leur indépendance, riches et puissantes, les grandes cités et les temples célèbres, ont dans toute l'Hellade de nombreux hôtes publics.

Athènes succombe la première, Sparte est victorieuse. A son tour, après les guerres de Macédoine, elle perd sa liberté politique, et cesse de nommer des représentants.

Les deux cités rivales abattues, commence alors, la seconde phase de notre étude.

Les Etats secondaires de l'Orient, vivent d'une existence politique et commerciale très intense, et du troisième jusqu'à la fin du deuxième siècle, la proxénie y fut très répandue.

Mais, arrive la conquête Romaine. C'est Rome que nous trouvons partout à la mort des peuples, prête à recueillir leur héritage. La proxénie et le patronat figurent côte à côte dans les inscriptions. Au fur et à mesure que les armées Romaines pénétrent dans la Grèce, les cités se soumettent au vainqueur, elles perdent à la fois leur autonomie et ne nomment plus des proxènes.

Telles sont les deux grandes périodes, que nous

trouvons dans l'histoire de la proxénie, nous allons les analyser rapidement.

La plupart des documents Athéniens appartiennent au Ve siècle et au commencement du IVe siècle. Le premier document de proxénie athénienne qui subsistent encore est un décret du milieu du quatrième siècle. Si l'on jette les yeux sur une liste chronologique (1) des hôtes publics d'Athènes, on s'aperçoit vite que l'institution est presque confusée dans la période classique proprement dite, depuis les guerres médiques, jusqu'à la mort d'Alexandre.

La proxénie fut entre les mains des Athéniens un instrument de propagande politique et commerciale, leurs hommes d'Etat s'en servirent en pleine connaissance de cause. Miltiade, Aristide, Cimon, Pausanias, etc., par une habile distribution de privilèges, sûrent, pendant plus de deux siècles conserver à Athènes la suprématie qu'elle avait acquise.

A l'exemple d'Athènes, quelques Etats cherchèrent à se servir de la proxénie pour étendre et affermir leur action politique et commerciale. Telle fut l'ambition de Sparte au commencement du quatrième siècle. Sur les

______

(1) *C. I. Gr.*, 302-3. *B. de C. H.*, I, 303.

côtes du Pont-Euxin (1), Byzance applique le même système politique.

Les Athéniens, forts de leur indépendance, et de leur suprématie, eurent des hôtes publics sur tous les points du monde grec et dans toutes les villes où abordaient les marchands. Quelques mots de statistique peuvent résumer la proxénie Athénienne. Une trentaine de proxènes appartiennent au Ve siècle : une cinquantaine au quatrième siècle, un seul au troisième, quatre au deuxième.

L'un des derniers hôtes publics (2) que nous connaissons, est un romain du IIe siècle avant notre ère. L. Hortensius, prêteur en 170.

Cette rapide décadence de l'institution à Athènes est d'autant plus frappante qu'en même temps, d'autres états secondaires. devenus de grands entrepôts du commerce grec, nomment des hôtes publics. Elle nous montre bien, que les destinées de l'institution sont intimément liées à celle du commerce et de la politique des Etats.

Un rapide aperçu de la proxénie Lacédémonienne, va encore confirmer cette assertion.

Sparte a eu des hôtes publics depuis la fin du Ve siècle jusqu'au milieu du IIIe siècle. Avec Athènes,

____

(1) *Proxènes athéniens*, 2° s. L. HORTENSIUS (170 av. J.-C.). *C. I. A.*, II, 423.

elle est la ville qui est considéré la proxénie comme un instrument de conquête. Avec des honneurs, des privilèges, Lacédémone gagnait les bonnes amitiés des cités voisines.

Comme sa grande rivale, Sparte, eut ses heures de suprématie. Elle soumit Athènes en 406, à la suite de la célèbre bataille des Arginuses (1) ; et à Aegos-Potamos (1). A son tour, elle tomba sous la domination de Philippe, et cessa d'avoir des représentants.

Presque tous les hôtes publics de Sparte connus aujourd'hui sont de la fin du cinquième siècle. C'est la période durant laquelle, Sparte eut une vie politique entreprenante. A partir des guerres de Macédoine, les auteurs et les inscriptions ne citent presque aucun hôte public des deux grandes cités rivales.

Si la proxénie, disparut bien vite des grandes cités, on peut suivre néanmoins les traces de l'institution dans certaines villes secondaires qui deviennent à leur tour les grands marchés de l'Orient.

Au troisième et au deuxième siècle, la proxénie est très florissante à Délos (2), à Rhodes, à Cos, à Calymnos (3).

---

(1) Ch. DURUY : *Hist des Grecs*, t. III, ch. XXV. *Lutte d'Athènes et de Sparte*, cf. *Les Arginuses, Ægos Potamos.*

(2) DÉLOS : *B. de C. H.*, tome I, p. 279-281 ; t. II, p. 329-331 ; t. III, p. 3, 337.

(3) *C. I. Gr.*, nᵒ 2215-71-2-5, WADINGTON, I, *Asie mineure*, nᵒ 87.

Les fouilles de ces dernières années mettent en lumière le commerce de ces villes grecques avec l'Egypte (1). Les monuments égyptiens et les textes helléniques prouvent que les Hellénes purent s'établir en Egypte Il y eurent des agents commerciaux, mentionnés par Hérodote, sous le nom de προσταται του εμποριου, proslates du marché.

Bientôt, une cité florissante du Delta, Alexandrie, se substitua peu à peu à toutes les autres cités égyptiennes pour le commerce international.

On connaît environ trente agents des cités grecques à Alexandrie. Delphes, qui eut des représentants dans le monde entier, eut, à elle seule quinze hôtes publics dans cette ville essentiellement commerçante.

Au nombre de ces villes prospères, véritables marchés du monde hellénique, nous devons une mention spéciale, dans notre étude de la proxénie, au célèbre sanctuaire de Delphes.

C'est à Delphes, que l'hospitalité publique s'est développée dans le plus vaste cadre. On sait comment, durant la période de formation du peuple grec, l'oracle d'Apollon Pythien fut un facteur prépondérant.

A la fin du VIe siècle, les prêtres de Delphes perdirent leur autorité politique sur le monde Grec. Le

---

(1) *Revue archéologique*, années 1886, 1896, ch. XIV, p. 166.

sanctuaire national n'en fut pas moins vénéré de tous, et l'enceinte sacrée d'Apollon Pythien resta toujours la capitale religieuse ou, comme on le disait « Le foyer commun de la Grèce. »

Sanctuaire des plus célèbres, banque considérable, métropole religieuse de nombreuses colonies helléniques, enfin chef-lieu de la plus grande Amphictyonie, Delphes, eut dans toutes les villes de l'Hellade des hôtes publics (1), qui portèrent le titre de « Proxènes du temple et du peuple de Delphes ». Ils furent des agents financiers et commerciaux, en même temps que les correspondants et les protecteurs d'Apollon Pythien.

La plupart des documents de proxénie trouvés à Delphes sont du troisième siècle et de la première moitié du deuxième (2). Ses derniers représentants, furent Marcus Aerculius Lepidus et T. Quinctus Flamininus, consuls en 197 et 198.

Les villes d'Orient, après la chute d'Athènes, et de Sparte, prennent un grand essor. Les textes de proxénie sont d'une époque plus récente. Les villes libres de Laconie (3), eurent des proxènes dès la fin du

---

(1) WESCHER-FOUCARD, V, 403, cf. *Listes chronologiques des hôtes publics de Delphes*.

(2) *Delphes, C. I. Gr.* n° 249, 255 et suiv.

(3) Le BAS-WAD. et FOUCART, *Mélange épigr.*, p. 111, n° 249, 255 et suivants.

du IIIe siècle et l'institution, aurait été florissante au IIe siècle. Certaines stèles, appartiennent au commencement du premier siècle.

Mégare, placée sur le grand chemin des invasions, au point de contact des trois races helléniques : Les Ioniens, les Eoliens, et les Doriens du Péloponèse, eut une existence indépendante. Pendant les premiers tiers du deuxième siècle, elle nomma des hôtes publics.

Nombreux sont également, au IIe siècle en Crète, les documents de proxénie : stèles et décrets (1).

Ces diverses cités de l'Orient, sont au troisième et au deuxième siècle, les villes les plus commerçantes de la Grèce, une série importante d'hôtes publics les relient entre elles.

L'institution des proxènies, comme jadis dans les grandes cités rivales, Sparte et Athènes, subit elle aussi le contre coup des révolutions politiques et commerciales de la Grèce.

Après les victoires des Romains en Orient, et la soumission à la loi du vainqueur de ces cités autrefois autonomes; l'Occident, Rome en particulier, devint pour la Grèce un foyer d'attraction.

Déjà, avant la conquête de la Grèce par les Romains, les grandes cités de la Sicile étaient unies par des liens

---

(1) *Crète*, *Le B. W.* n° 711. *B. de C. H.*, t. X, p. 5. WADDINGTON : *In. G. d'Asie Mineure*, n° 812.

d'hospitalité mutuelle : Naples a des agents à Tarente, Malte à Syracuse, Agrigente à Syracuse et à Tibur.

A mesure que grandit le nom Romain, les représentants des cités grecques à Rome devinrent plus nombreux.

Dès la fin du troisième siècle, ce fut une tradition établie, c'est à Rome que les cités helléniques ont le plus de représentants (1).

L'un des derniers proxènes Grecs est un romain, L. Hortensius prêteur en 270 avant J.-C.

Marcus Sextius fut hôte public de Délos vers la même époque. Delphes eut à Rome de nombreux hôtes publics : M. Æmilius Lépidus ; L. Acilius ; T. Quinctus Flamininus, le vainqueur du roi Philippe. Syracuse, nomma Q. Cicero, proxène.

Ces Romains, hôtes illustres, de la Grèce à demi asservie, ne ressemblent que de nom aux anciens représentants des cités libres et entièrement autonomes.

Après ses défaites successives en Asie, en Macédoine, en Afrique, la Grèce ne fut point réduite en province romaine. Les Grecs, furent traités en vaincus dont Rome, voulait gagner l'amitié. Ils perdirent la liberté. Ils en conservèrent l'apparence, en gardant leurs lois,

---

(1) *Proxènes des villes grecques à Rome C. I. A.*, t. II, n° 423. *G. I. Gr.*, n° 1336. *B. de G. H.*, t. V, p. 443.

leurs magistrats, leurs élections. Ils eurent à Rome des hôtes publics.

A partir du temps des Césars, proxénia et patronus, sont deux mots que l'on rencontre dans les décrets.

Le terme πρόξενος qui, aux temps de l'indépendance grecque exprimait une idée claire et correspondait à des fonctions diverses, est remplacé par des termes vagues et honorifiques. Les personnages honorés sont appelés : fondateurs, sauveurs, bienfaiteurs, patrons.

A mesure que progresse la conquête romaine, les cités grecques entrent dans la clientèle des sénateurs romains. Comme la véritable liberté était morte, la transition s'accomplissait naturellement, peu à peu la proxénie succomba et s'effaça devant le patronat romain.

Dès lors, politiquement la Grèce est morte. A l'Agora, plus d'éloges publics et de luttes orageuses ; au Pirée plus de galères chargées de soldats ; au Parthénon, plus de chants de triomphe ; au Céramique, plus d'éloges funèbres. Rome commande la paix.

Les Grecs, par la main des Romains étaient arrivés à la fin de leur existence politique. L'anarchie fit justement esclaves, ceux qu'en des temps meilleurs, le patriotisme et la discipline avaient fait glorieux et forts.

On l'a dit justement (1) : « Les Grecs, avaient de leurs propres mains, creusé leur tombeau. »

______

(1) DURUY : *Hist. des Grecs*, tome III, p. 342 et suiv.

CONCLUSION

Il est certaines impressions historiques dont il est parfois difficile de secouer la tyrannie. Ainsi, le peuple Romain doit être un peuple de guerriers et de jurisconsultes, comme la nation grecque, une nation de poètes et d'artistes.

L'étude de la proxénie aura peut-être comme résultat de déranger cette antithèse. Sans doute les Grecs furent un peuple de poètes et d'artistes, mais ce n'est point leur seul titre de gloire, avec les Romains ils peuvent eux aussi à bon droit, revendiquer une place, parmi les juristes de l'antiquité. L'exemple approfondi des attributions des proxènes, aura, nous l'espérons, dissipé sur ce point toute équivoque.

La proxénie tenait une grande place dans la société grecque et son rôle y était très bienfaisant.

Les étrangers, les absents, avaient dans le proxène un protecteur attitré. Ce dernier veillait à l'exécution des testaments à lui confiés, à la dévolution des successions, servait de témoins pour les divers actes de la vie civile, et remplissait fréquemment le mandat d'avocat.

Dans les riches cités de l'Hellade, les proxènes étaient des agents commerciaux très actifs. Ils pratiquaient les contrats de prêts, de société etc... également, devant des juges spéciaux, ils plaidaient les litiges intervenus entre vendeurs et acheteurs.

Le crédit public fut très développé, la monnaie d'Athènes avait partout cours légal. A l'instar de Delphes et de Délos, qui étaient à la fois de grands sanctuaires et des places financières de premier ordre, des banques se fondent. Les proxènes étaient de véritables courtiers, faisant des avances, le change des monnaies, etc.

L'examen des privilèges financiers accordés aux proxènes nous a montré une législation financière très florissante. Nos impôts modernes ont en Grèce leurs équivalents. L'impôt sur le revenu existait sous le nom de μετοίκιον les métèques y étaient soumis, les proxènes en étaient exemptés.

Le trait saillant et fort curieux de la proxénie grecque qu'on peut rapprocher de notre droit international moderne, consiste en ce que les proxènes servaient d'intermédiaires entre les diverses cités grecques soit en temps de paix, soit en temps de guerre.

En temps de guerre, les proxènes avaient pour mission de racheter les prisonniers, d'ensevelir les morts. A cet effet, ils employaient leur diplomatie, pour obtenir de l'autre belligérant, une trêve plus ou moins longue, une armistice, pour relever les bléssés et donner la sépulture aux morts. Des traités de paix, dus à leurs bons offices mettaient fin aux hostilités.

En temps de paix ils furent fréquemment chargés de missions diplomatiques. Comme les agents modernes ils jouirent pour eux et leur famille du privilège de l'inviolabilité. Pareillement, les villes grecques pratiquaient l'arbitrage, multiples sont les décisions arbitrales rendues par les proxènes, et ainsi nous voyons dans les proxènes grecs, les précurseurs éloignés il est vrai, mais certains, de nos agents diplomatiques et consulaires.

Il existe en effet une incontestable analogie entre les fonctions des proxènes, telles que nous les avons exposées et celles que remplissent aujourd'hui nos agents consulaires. Dukas dans son commentaire sur Thucydide (1), traduit sans hésiter le mot προξενον par celui de consul : προξενον, τον λεγόμενον, παρὰ τοῖς Ευρωπαιοις Κόνσολᾶ.

Le proxène est celui que les Européens désignent sous le nom de consul.

------

(1) DUCAS : *In Thucyciden*, ch, II, p. 29.

Bœckh (1) considère les proxènes, comme une sorte de consuls commerçants : *Sunt hi fere, quos nos vocamus consules, mercatorios et agentes.*

Pardessus (2) est plus explicite encore :

« On serait porté à croire, dit le savant auteur de la *Collection des lois maritimes* « d'après l'état d'hostilité presque habituel des peuples de la Grèce, qu'on ne doit trouver dans leurs institutions, aucune trace de celles que les Etats modernes ont généralement adoptées sous le nom de consuls pour protéger leurs sujets en pays étranger.

« Il n'en est point ainsi. Cette institution que la civilisation moderne a répandue presque en tout lieu, n'était pas inconnue des Grecs.

« Souvent un Etat faisait choix dans un autre Etat, d'un citoyen notable appelé « proxène », qui en qualité de protecteur et d'hôte commun, était chargé d'aider de ses conseils et de son crédit les sujets de l'Etat qui l'avait choisi. »

Après avoir énuméré les privilèges accordés aux proxènes, Pardessus ajoute : « Quoique les fonctions des proxènes ressemblassent sous quelques rapports à celles des consuls modernes, il y avait néanmoins

____

(1) Bœckh : *Corpus inscriptum*, p. 732.
(2) Pardessus : *Lois maritimes*, t. I, ch. II, p. 52.

cette différence que les proxènes n'étaient pas des envoyés, ils étaient citoyens du pays où ils exerçaient
leurs fonctions. »

L'analogie relevée par les savants auteurs que nous
venons de citer est basée sur les faits.

Comme nos consuls, les proxènes devaient leur protection aux citoyens de l'état qui les avait nommés ;
comme eux, ils étaient aussi des agents d'information.
Enfin, les proxènes étaient munis pour l'exercice de
leurs fonctions, d'un titre authentique, c'est-à-dire du
décret de proxénie que l'on peut assimiler jusqu'à un
certain point à la lettre de provision consulaire.

Toutefois, si l'analogie existe dans les grandes lignes,
elle est loin d'être aussi frappante, lorsqu'on compare
dans le détail ces deux institutions.

Le consul est toujours citoyen de l'état dont il protège les intérêts, le proxène au contraire, n'appartenait
jamais à la cité qu'il représentait ; il était citoyen de la
ville dans laquelle il remplissait ses fonctions.

Si l'on fait remarquer que le décret de proxénie
offre une certaine analogie avec les lettres de provision
dont sont munis nos consuls, nous dirons que l'analogie est plus apparente que réelle. Le motif qui fait
délivrer les deux titres n'est pas le même. Tandis que
les lettres de provision sont remises au consul dans le
but de l'accréditer auprès du gouvernement étranger,

le décret de proxénie n'est pour le proxène qu'un titre,
dont la cité qu'il représente, le munit vis-à-vis d'elle-
même. C'est une constatation des services qu'il a rendus, ainsi que des privilèges qui en sont la récompense.

Les fonctions mêmes des consuls modernes et des
proxènes antiques, malgré le but commun de protection qu'elles doivent atteindre, présentent une profonde différence. Prenant leur origine, les unes dans
le sentiment de l'hospitalité, les autres dans le droit
des gens, elles diffèrent entre-elles de toute la distance
qui sépare les devoirs parfaits des devoirs imparfaits.
Autant les fonctions consulaires sont précises et défi-
nies, autant les attributions des proxènes sont vagues
et indéterminées.

Les attributions des consuls trouvent leurs règles
dans la législation nationale ou dans des accords internationaux. L'action hospitalière des proxènes n'avait
d'autres bornes que la fortune, le crédit et la générosité du proxène. Tel hôte public pouvait faire plus ou
moins que tel autre, tandis que les consuls modernes
ne peuvent outrepasser la mission précise qui leur est
confiée.

Malgré les différences que nous venons de signaler,
l'analogie générale n'en est pas moins constante. Elle
est surtout remarquable lorsqu'on compare les proxènes non plus aux consuls de carrière, fonctionnaires

de l'état qui les nomme, et nationaux du pays qui les envoie, mais aux consuls commerçants, autrefois élus par leurs pairs, et désignés aujourd'hui par leur état. Ces consuls de second ordre ne sont pas des fonctionnaires, mais seulement des mandataires de l'état qui les accrédite. Ils n'ont aucun traitement et ne jouissent pas des priviléges accordés aux consuls de carrière. Vis-à-vis de ces consuls commerçants, quelques unes des différences indiquées plus haut, disparaissent pour faire place à de nouvelles ressemblances. L'agent consulaire, comme le proxène, défend dans son propre pays les intérêts de l'état qui l'a nommé ; il n'a pas le caractère d'envoyé , il n'est point rétribué et il lui est permis de se livrer au commerce.

La ressemblance que nous venons de signaler entre les deux institutions du consulat et de la proxénie est d'autant plus frappante que les âges suivants jusqu'aux temps modernes n'offrent rien de pareil.

Maîtresse du monde et l'administrant par ses propres magistrats, Rome ne pouvait adopter les proxènes. Le *pretor peregrinus* n'a pas plus d'analogie avec le proxène grec que les consuls de mer du moyen-âge avec nos consuls modernes.

Ce fut beaucoup plus tard que le progrès du droit des gens et l'établissement de missions consulaires permanentes, permirent aux états modernes d'assurer à leurs nationaux résidant à l'étranger, la protection que ces républiques grecques s'étaient ménagées par l'intermédiaire de leurs hôtes publics. Ainsi, renouant la tradition interrompue, les consuls modernes ont fait revivre, bien entendu avec les modifications importantes que nous avons exposées ci-dessus, cette curieuse institution des Proxénies grecques, qui dès lors, doit intéresser aussi bien le juriste que le savant, et qui pour ce motif mérite d'acquérir droit de cité aussi bien dans les Facultés de droit que dans celles des lettres.

BIBLIOGRAPHIE

Amélineau (E). Les Nouvelles fouilles d'Abydos. Fécondes campagnes de 1896-99. Paris, Leroux, 1902.

Bérard (H.). De arbitrio inter liberas græcorum civitates. Paris, Hachette 1894.

Bœckh (A.). Economie politique des Athéniens. Traduction de Laligant. Paris, Sautelet 1828.

Boyer de Besle (J.). De l'hospitalité en Grèce, Paris, Wahton 1882.

Caillemer (Exupère). Etude sur les antiquités juridiques d'Athènes. Institutions commerciales d'Athènes au siècle de Périclès. Extrait des mémoires de l'Académie des Sciences et Belles-Lettres de Caen. 1872-73. Paris, Durand et Thorin 1872.

Clavier (P.). Histoire des premiers temps de la Grèce. Paris, Alain 1896.

Duruy (D.). Histoire des Grecs (3 volumes). Paris, Hachette 1887-1889.

Egger (H.). Etude historique des Traités publics chez les Grecs et les Romains. Paris Durand 1866. Les Métèques à Athènes (mémoire). Paris 1875.

Finlay (G.). Grècé under the Romans. London 1898.

Foucart (Paul). Inscriptions choragiques d'Athènes. Janvier 1878. Mélange d'épigraphie grecque. 1872-1882. Colonies athéniennes. 1881. Mémoires présentés à l'Académie des Inscriptions et Belles-Lettres. 1882-83-84.

Fustel de Coulange. Polybe, ou la Grèce conquise par les romains. 1858.

Gronovius. Thesaurus græcorum.

Haussoulier. Vie municipale en Attique. Paris, Thorin 1883.

Hitzig, Altgriechische Stautsvertrâge uber rechsthilfe. Zurich, Fussili 1895,

Jaenisch. De asylis Græcis. Paris, Girard 1891.

Le Bas et Waddington. Inscriptions grecques et latines recueillies en Grèce. Paris, Didot 1853, 1873.

Lalloux. L'Architecture grecque, Paris, Quentin 1888.

Lécrivain (Ch.). Mémoires sur les traités internationaux dans l'ancienne Grèce. Le droit de se faire justice soi-même et les représailles dans les relations internationales de la Grèce.

Levesque (P.-Ch.) De la constitution d'Athènes et de Sparte. Paris, Marchal-Cosse et Cie 1868.

Lindenblatt. De hospitalite et hospitio. Neufchâtel 1853.

Mally (J. de). La Gréce ancienne et moderne. Paris, Laurens 1888.

Meyer (Eduar). Geschichte des alterthuns. Stuttgard, Cotta 1884.

Mommsen (H.). Beitràge zum den. Stadt Athen in altertum. Leipzig, Teubner 1898.

Monceaux. Les Proxénies et le monde grec. Paris 1885. Restauration et fouilles de Delphes. Paris 1889.

Noël. Histoire du commerce du monde depuis les temps les plus reculés. Cartes de la Grèce antique. Paris, Ed. Plon. Nourrit et Cie, 1875.

Paparigopoulos. Histoire nationale de la Grèce. 1884. (Dumnlery-Vieveg.)

Perrot. Droit public athénien. Paris, Thorin 1869.

Petit de Julleville (Membre de l'Institut). La Grèce sous la domination romaine. 1875.

Rœhl Hermanus. Inscriptiones græcæ antiquissimæ præter atticas in Attica repertas. Berolini 1882.

Hermani Saùppii. Commentatio de Proxénis atheniensium. Stuttgard, Cotta 1884.

Schiller. De jure hospitii apud veteres, Leipsig, Mumchen-Beck 1883.

Schœmann. La Grèce indépendante, trad. de Galuski. Paris, Picard 1884.

Sonne (A.), De arbitriis externis quos Græci adhibuerunt ad lites et intestinas et peregrinas componendas. Quæstiones epigraphicae. Sottingen 1888.

Ulrich. De proxenia. Hand buch der griechschen staastalterhümer. Berlin 1882.

Vitruve. De architectura. trad. Nisard. Paris, Didot 1852.

Wescher et Wachsmuth. Jus gentium quale obtinuerit apud Græcos ante bellorum cum Persis gestorum initium. Leipsig, Diederich 1874.

TABLE DES MATIÈRES

———

Imp. A. MONTLAUZEUR, rue Riquet, 41